EMPREENDEDORA DA PRÓPRIA VIDA
CRIE O FUTURO QUE VOCÊ MERECE

JU FERRAZ

EMPREENDEDORA DA PRÓPRIA VIDA

CRIE O FUTURO QUE VOCÊ MERECE

JU FERRAZ

Diretor-presidente:
Jorge Yunes
Gerente editorial:
Claudio Varela
Editora:
Ivânia Valim
Assistente editorial:
Fernando Gregório
Suporte editorial:
Nádila Sousa
Gerente de marketing:
Renata Bueno
Analista de marketing:
Daniel Moraes
Direitos autorais:
Leila Andrade
Coordenadora comercial:
Vivian Pessoa
Preparação de texto:
Gleice Couto e Luiza Cordiviola
Revisão:
Luiza Cordiviola

Empreendedora da própria vida
© 2024, Juliana Ferraz
© 2024, Companhia Editora Nacional

Todos os direitos reservados. Nenhuma parte desta obra pode ser reproduzida ou transmitida por qualquer forma ou meio eletrônico, inclusive fotocópia, gravação ou sistema de armazenagem e recuperação de informação sem o prévio e expresso consentimento da editora.

1ª edição — São Paulo

Capa
Karina Pamplona
Projeto gráfico e diagramação:
Amanda Tupiná
Fotografias de capa:
André Nicolau

DADOS INTERNACIONAIS DE CATALOGAÇÃO NA
PUBLICAÇÃO (CIP) DE ACORDO COM ISBD

F379e   Ferraz, Ju

Empreendedora da própria vida: crie o futuro que você merece / Ju Ferraz. - São Paulo : Editora Nacional, 2024.
160 p. : il. ; 16cm x 23cm

ISBN: 978-65-5881-238-8

1. Autoajuda. 2. Negócios. 3. Empreendedorismo. 4. Autodesenvolvimento. II. Título.

2024-3084
CDD 158.1
CDU 159.947

Elaborado por Odilio Hilario Moreira Junior - CRB-8/9949

Índice para catálogo sistemático:
1. Autoajuda 158.1
2. Autoajuda 159.947

NACIONAL

Rua Gomes de Carvalho, 1306 - 11ª andar - Vila Olímpia
São Paulo - SP - 04547-005 - Brasil - Tel.: (11) 2799-7799
editoranacional.com.br - atendimento@grupoibep.com.br

Nordestina arretada, que transforma a vida de outras pessoas

Preta Gil

Quando a Ju me convidou para escrever a apresentação do seu livro, eu só consegui pensar que há 20 anos, quando eu comecei a falar sobre autoaceitação e falava sobre tudo isso que a gente discute hoje, sobre se amar, amar o próprio corpo e ser livre, as pessoas não entendiam o que eu estava falando, achavam que eu era exibicionista, uma amostrada, como se diz no Nordeste, e eu apenas respondia que tinha o direito de ser quem eu sou!

Hoje, a gente vê uma legião de mulheres se identificando com o movimento do *body positive*, e isso é o mais importante. Mulheres como Ju Ferraz, que fazem a união, que fazem a gente avançar neste quesito, da gente se apoiar uma na outra, de darmos as mãos e entendermos que, afinal, somos um coletivo. Claro que o processo de cada uma é totalmente individual, mas saber que, a partir da coletividade, você pode ter ajuda, apoio e incentivo, é um sentimento único de acolhimento e que tem como propósito maior impulsionar o potencial que cada uma carrega consigo.

Uma vez, em uma conversa nossa sobre legados, refletimos sobre o que vamos deixar para as outras pessoas. Falar sobre representatividade, respeitando o nosso tempo e a nossa maturidade, também é um reflexo de tudo pelo que passamos. É extremamente potente poder agir como um transformador de vidas, que dá palco para a trajetória daquelas que, por anos, foram julgadas por seus corpos, escolhas e visões de mundo.

Eu tenho um orgulho danado da mulher que você é, Ju. Nordestina arretada, que transforma a vida de outras pessoas. Este livro marca o seu legado, celebra a sua existência e tem um papel fundamental na importância do debate sobre autoaceitação. Que venham muitos outros, com mais transformações e histórias para contar. Um brinde!

Uma mulher que superou - e supera a cada dia - inúmeros obstáculos

Cleo

Quando Ju me convidou para fazer um dos textos deste livro, pensei: *Putz, eu amo a Ju, mas a gente não convive. Como vou fazer isso?*. Ao mesmo tempo, não queria perder a oportunidade – porque é uma p*** de uma oportunidade. Além de poder falar da minha perspectiva sobre essa mulher que me inspira muito, de formas que ela nem imagina, eu teria a oportunidade de contar por meio de um livro, para o propósito de empoderar pessoas – mulheres, mais especificamente –, a serem corajosas o bastante para confiar em seus próprios instintos (mesmo que nunca tenhamos aprendido a fazer isso) e criar formas de viver.

Eu e Ju não convivemos, é verdade, mas, de certa forma, sempre passeamos por muitas fases uma da outra, sempre estivemos por perto e prontas para absorver o que a outra estava trazendo. Isso é importante, isso tem valor. Então, quando entendi isso, tomei coragem para escrever.

É o seguinte: um livro vindo dessa mulher falando de empreendedorismo pessoal e profissional é tudo o que eu quero ler! Enquanto mulher, me sinto ávida por referências femininas que sejam motivadoras, mesmo no fracasso. E fracassar é viver. Não sei você, mas me sinto fracassada algumas vezes por dia. É como se eu não fosse o suficiente neste mundo. Por isso, digo que este livro vai empoderar principalmente as mulheres, porque fomos criadas por uma sociedade que não nos ensina a coragem, a ousadia e a audácia, e muito menos a sermos donas da própria narrativa.

E quando nos deparamos com a vida, por vezes ainda muito jovens, percebemos que precisamos e queremos ser corajosas e audaciosas. E nós temos isso dentro de nós! Porém, quando resolvemos usar isso no mundo, somos julgadas. E é muito importante ter acesso a uma mulher que consegue superar os desafios, pois esses exemplos nos inspiram.

✦ Às vezes, só precisamos de um empurrãozinho.

Uma coisa que sempre me atraiu na Ju é o fato dela ser uma mulher que se joga nas coisas. Nos projetos, nas oportunidades, nas pessoas que precisam dela naquele momento. E isso me inspira! Essa intensidade da Ju de se lançar nos desafios tem a ver com profundidade de sentimentos, confrontando uma sociedade que tenta diariamente nos aprisionar em algum padrão frágil, doce e codependente. Não que não possamos ser frágeis ou dóceis, é direito nosso, mas só se isso vier genuinamente de nós mesmas e não como um padrão imposto por uma sociedade que não visa à nossa integridade mental, emocional e física. Uma sociedade criada em cima da objetificação e da exploração da mulher e de seu corpo. Uma sociedade em que, se você for assertiva, objetiva e clara, torna-se um sinônimo de grosseria.

Por que um homem faz a mesma coisa e se torna celebrado? Porque, em um sistema patriarcal e machista, não é interessante você desenvolver ferramentas para ter o domínio da sua própria vida. Você é algo a ser dominado, usado, explorado, comprado... Mas, se tiver o domínio, como vão conseguir controlá-la?

Por tudo isso, é muito disruptivo ter um livro escrito pela Ju. Quando uma mulher dessas se movimenta em direção ao sucesso, todas nós nos movimentamos juntas, e isso nos dá força. É aquela história: sozinha vamos mais rápido, unidas vamos mais longe!

Neste livro, podemos absorver um pouco do impulso para a realização da vida que queremos ter. Vamos ter acesso à percepção de uma mulher que superou – e supera a cada dia – inúmeros obstáculos, mesmo sendo uma mulher fora dos padrões – e é aí que está sua força. Ela nos mostra, por meio de suas vivências, dentro e fora dos negócios, como navegar sem perder a essência.

Ótima leitura!!

Nesta jornada literária, é imprescindível dedicar um momento para reconhecer aqueles que, de forma direta ou indireta, moldaram meu caminho e me impulsionaram a seguir em frente. Este livro é um tributo a essas pessoas especiais, que, com suas energias e histórias, me incentivaram a não apenas escrever, mas a viver com propósito.

Primeiramente, dedico este livro ao meu filho, Matheus, meu maior impulsionador. Você é a luz dos meus dias e a razão pela qual busco sempre ser uma versão melhor de mim mesma. Suas risadas, curiosidade e amor incondicional me incentivam a transpor barreiras e encarar desafios. A cada página escrita, carrego sua essência, e espero que, ao ler estas palavras, você possa entender o quanto me motiva.

À minha mãe, por, mesmo nos momentos em que não acreditava em mim mesma, me fazer enfrentar meus medos e me jogar na arena da vida. Sua força é um legado levado comigo todos os dias. Você sempre me ensinou que a coragem se manifesta na superação das dúvidas e que o amor é o alicerce para qualquer conquista. Sou grata por sua resiliência e pelos ensinamentos que me ajudaram a encontrar meu caminho mesmo nos momentos mais difíceis.

Ao meu marido, Bruno, meu fã número um, cuja crença inabalável em meu talento me relembra diariamente do impacto que meu trabalho pode ter, não apenas na minha vida, mas na de outras mulheres. Sua presença constante é um lembrete de que a paixão e o empoderamento se entrelaçaram em nossa caminhada. Obrigada por ser meu parceiro, meu crítico e meu maior incentivador.

A meu irmão, Lucas, quem sempre dividiu a vida comigo. Desde a infância até a vida adulta, sua presença sempre foi uma fonte de motivação e inspiração. Sem você, muitas das minhas vitórias não teriam o mesmo significado. Mesmo sem perceber, você me estimula a ser melhor todos os dias, e sou eternamente grata por nossa conexão inquebrável.

À minha tia, Monique, que sempre foi meu farol em momentos de incerteza, e à minha dinda, Rita, que nunca soltou a minha mão: vocês são fundamentais nesta dedicatória. Exemplos de amor, dedicação e força feminina. Cada conselho e cada gesto de carinho me ajudaram a construir a mulher que sou hoje.

À minha avó, Julita, que me deixou o maior legado ao me ensinar a viver a vida com coragem, felicidade e gratidão. Suas histórias e sabedoria ecoarão eternamente em meu coração. A sua maneira de ver a vida é uma inspiração constante, e levo seus ensinamentos em cada passo que dou.

À Dinda Socorrinho, amor incondicional e apoio desde pequena, você é muito importante para mim.

Por fim, dedico este livro a todas as mulheres que passaram e ainda passarão pela minha vida. A nossa troca é linda e cheia de transformação. Juntas, somos mais fortes, mais corajosas, mais inspiradoras e mais resilientes. Que nossas histórias continuem entrelaçadas, e que possamos sempre nos apoiar umas às outras em nossas jornadas.

Este livro é um reflexo de amor, força e inspiração que recebi de cada um de vocês. Agradeço de coração por tudo.

Prefácio

Este livro é um presente meu para você: nele está a sua chance de brilhar junto com as suas fraquezas, não apenas com seus pontos fortes. Tudo que vou relatar aqui diz respeito à minha história e à minha trajetória, mas pode iluminar o seu caminho também, principalmente se você sente que não se encaixa.

Quando entendi que, bem, se não consigo ocupar os espaços que já existem, está na hora de criar um que me comporte, pude avançar rumo às conquistas que me trouxeram até este momento. Uma das minhas forças propulsoras foi, sem dúvidas, a maternidade. Eu sabia que não poderia desistir diante da primeira dificuldade, nem da segunda, nem da terceira: precisava persistir por causa de meu filho. As pessoas que amamos, aquelas que constituem a nossa base, as que ficaram ao nosso lado nos momentos mais difíceis: delas vêm o incentivo do qual precisamos, inicialmente, para seguir trilhando o nosso próprio caminho.

Como mulher nordestina, apresentei ao mercado um olhar nada viciado naquilo que parecia universal, mas era, na verdade, o "comum" no Sudeste. Minha forma de produzir celebridades ou de organizar eventos monumentais também era inovadora porque eu vim de uma região historicamente omitida desse tipo de possibilidade. Atualmente há muitos *influencers* do Nordeste que são, de fato, influenciadores, criam tendências, remodelam expectativas. Mas alguém precisou dar os primeiros passos em cada segmento.

Comecei em um momento em que praticamente não havia em quem me espelhar, e as referências disponíveis criavam obstáculos insuperáveis. Levou um tempo para que eu percebesse o potencial de meu olhar, um olhar único – meu – e diferente do padrão, de quem nunca ousou ser diferente. Ou nunca precisou ser diferente. Se você não se encaixa na realidade em que colocaram você, vai precisar criar outra realidade, ou vai ter que se apequenar para caber nos espaços mínimos que lhe restarão.

Foi assim que me tornei a minha própria referência. E, hoje, sou referência para milhares de pessoas que me acompanham nas redes sociais, nas palestras, nos podcasts, nas revistas. A partir de minha força de vontade e da construção tenaz de uma autoestima baseada em esforço e dedicação cheguei até aqui. Lembre-se: você pode estar onde quiser e ser quem você quiser, do tamanho que quiser. Não há ninguém no mundo com a sua personalidade e história de vida. **O efeito das experiências vividas ao longo de sua trajetória transforma você em alguém singular.**

No meu caso, além de nordestina, sempre fui uma mulher gorda. Os grandes ícones da moda nunca foram pessoas gordas! Novamente, temos alguns bons exemplos hoje em dia, como Fluvia Lacerda ou Tess Holiday, duas modelos maravilhosas e com agendas lotadas de desfiles e publicidade. Mas foi preciso que as pessoas gordas afirmassem para o mundo: "Sim, nós somos autoconfiantes, acreditamos que há beleza em um corpo gordo, não queremos mais ser associadas à preguiça, ao desleixo e à falta de saúde!". Sei que essa luta está longe de terminar, mas veja o quanto avançamos em relação à liberação de um padrão estético estritamente relacionado à magreza, sobretudo para as mulheres.

No meu início, porém, eu me sentia ainda mais escanteada dos lugares de decisão, poder e influência por não ter uma imagem que correspondesse aos padrões estéticos veiculados nas revistas, no cinema e na televisão. Padrões esses, aliás, inatingíveis para as mulheres comuns, mães e trabalhadoras em tempo integral. Hoje, sou eu que produzo as capas de várias revistas e já apareci – belíssima – na capa de muitas! Minhas experiências me levaram a concluir que há muita força em se amar primeiro e acreditar em si mesma antes que o mundo lhe dê um voto de confiança.

Meu objetivo com este livro é mostrar a você que a sua visão de mundo é exclusivamente sua – o que é muito poderoso. E chegou o momento de apresentar ao mundo a potencialidade desse olhar único. Quando você recupera a sua autoestima e a coloca em movimento, o mundo à sua volta se movimenta também – é inevitável. Você verá que a sua autoconfiança vai forçar mudanças importantes na ordem das coisas.

Imagine como tudo continuaria na mesma se eu, Ju Ferraz, não tivesse acreditado que, sim, minhas qualidades únicas e singulares eram tudo o que o universo da moda estava precisando! A verdade é que a minha personalidade fazia falta a esse mercado. Com ela, a criatividade de meu olhar, derivada de minha vivência, algo impossível de se transmitir, mas que pode ser compartilhado a partir do que fiz para me entender nessa condição e dos efeitos de minha mudança de atitude no mundo que me cerca.

Hoje, sei que alterei a ordem das coisas. Minha presença tão forte e relevante obrigou o mercado a se renovar para me comportar nele ou, pelo menos, para incluir o lugar que eu havia construído para mim mesma! Há muitas pessoas que se beneficiam largamente das coisas do jeito que estão: sem mudanças de paradigma, sem evolução, sem movimento. Mas, quando você resolver se mexer, tenha certeza: a estrutura vai se movimentar com você e por você.

O primeiro passo é construir uma autoestima potente, fundamentada em seus valores e suas realizações – não medida pelo tamanho delas, mas pelo efeito delas em você, na sua família e nos seus espaços de trabalho. Assim, proponho que, antes de iniciar esta leitura, você liste as suas principais qualidades. Separe um momento para refletir sobre as coisas nas quais você é realmente boa, aquilo que você faz bem. E, então, quando terminar a leitura deste livro, refaça a lista. Garanto: seu olhar sobre si mesma será bem mais generoso, e você vai dobrar ou triplicar as qualidades listadas.

Sou categórica nessa afirmação porque tudo tem a ver com se olhar com mais generosidade. Às vezes, encaramos nossos amigos e familiares com mais generosidade do que a nós mesmos. É aquela "passada de pano" que fazemos frequentemente para quem amamos.

Já imaginou "passar um pano" para você mesma? Entender o seu tempo, as suas fases, as suas fraquezas, os seus traumas, mas, também, seu potencial, a riqueza de seu olhar, o resultado multiplicador de todas as experiências boas e ruins que você viveu. Se acolher, se dar o tempo de regenerar, procurar ajuda sempre que for preciso e olhar para frente. Não desistir frente a um mundo que tenta nos puxar para baixo e nos manter apertadas em lugares mínimos. Um mundo que adoraria que você jamais manifestasse o seu potencial e nunca alterasse o *status quo*.

Espero que este livro seja o seu primeiro passo no reconhecimento de quem você é de verdade.

Conte comigo nessa jornada.

Ao final de cada capítulo, você vai encontrar uma joia! Estou curiosa para ver a beleza das novas realidades que você vai criar!

CAPÍTULO 1

Minha história às avessas

M eus sonhos sempre foram muito maiores do que meu tamanho no mundo. Quando eu olhava para as pessoas que se destacavam em seus mercados ou para os representantes de determinada tendência, não conseguia me ver ao lado deles. Eu não me enxergava capaz de ocupar aqueles lugares. Tive inúmeras dificuldades relacionadas à condição socioeconômica de minha família, ao deslocamento geográfico em um país tão centrado na região Sudeste, além do fato de ser uma mulher gorda com forte apego, desde criança, à estética e ao mundo da moda.

Entendi bem rápido que, além das dificuldades associadas ao gênero – mulheres precisam ser as melhores em tudo e, mesmo assim, recebem os menores salários! –, iria enfrentar inúmeros outros preconceitos no mundo corporativo. Quando cheguei a São Paulo, foi preciso que minha tia Monique me desse um banho-de-loja para que eu me tornasse uma mulher menos distante da imagem ideal de "mulher de negócios". Ainda assim, levou bastante tempo até que eu fosse entendida como uma empresária "padrão", com viagens de estudos no exterior e MBAS.

Dentro de mim, sabia que a única coisa que iria me tirar do lugar em que estava, o único *príncipe* capaz de me resgatar da torre do castelo, seria eu mesma e o meu trabalho.

Dados de um boletim do Departamento Intersindical de Estatística e Estudos Socioeconômicos (DIEESE), de março de 2024, apontam que o rendimento mensal das mulheres chega a ser 22,3% menor do que o recebido pelos homens. Quando se trata de mulheres negras, quase metade (49,6%) ganha até um salário-mínimo por mês, no máximo. O boletim trata, ainda, dos cargos de diretoria e gerência, nos quais os homens têm um salário médio de R$ 7.283,00, enquanto as mulheres não ultrapassam os R$ 4.800,00. A diferença salarial entre os gêneros nos cargos mais altos pode chegar a 29,5% a menos de salário para mulheres realizando a mesma função que homens.

Fonte: DIEESE. Departamento intersindical de estatística e estudos socioeconômicos. *Mulheres no mercado de trabalho*: desafios e desigualdades constantes – Boletim especial, 8 mar. 2024.

Entender o meu lugar e conhecer quem eu era de verdade, para além da avaliação de outras pessoas, só foi possível quando resolvi encarar e assumir as minhas vulnerabilidades. Acho fundamental que a gente consiga admitir que não somos perfeitas, que vamos falhar e que as coisas talvez saiam de nosso controle. Por várias vezes! Até que a gente perceba que justamente as nossas vulnerabilidades apontam para os nossos pontos mais fortes. O autoconhecimento passa por admitir que não somos capazes de fazer tudo sozinhas, que precisamos de ajuda.

Quando tive a ideia de escrever este livro, queria que ele iluminasse a trajetória de outras mulheres brasileiras que, como eu, não se encaixam nos padrões. Se soubesse um pouco mais sobre as dificuldades que iria enfrentar, se tivesse entendido o mundo e o meio corporativo com um pouco mais de sagacidade, talvez não tivesse caído tantas vezes. E, principalmente, se eu tivesse me amado mais desde o início e acreditado na força das minhas fraquezas, apostado mais no que eu poderia entregar ao mundo sendo eu mesma, teria alcançado meus objetivos de um jeito menos doloroso.

Porém, não me envergonho de nenhuma linha de minha história. Os altos e baixos, os tropeços e as reerguidas me tornaram a mulher que sou hoje, da qual me orgulho muito. Minha história não é um modelo exemplar que você deve seguir para ter sucesso nem uma história apenas de superação. Ao contrário, ela desconstrói o que se entende por sucesso em nossa sociedade.

Nasci em Salvador, numa família que eu considero ser uma tradicional família baiana. Meu pai, meu irmão, alguns tios e primos trabalhavam na Ferraz, a empresa da família, e uma das dez maiores exportadoras de cacau no Brasil. Mesmo que em condições econômicas bem diferentes de boa parte das pessoas com quem convivia, pode-se dizer que, no início de minha vida, eu fazia parte da elite baiana.

A Ferraz, até então bastante próspera, sofreu as consequências da abertura econômica dos anos 1990, iniciada no governo Fernando Collor e continuada no de Fernando Henrique Cardoso, na qual ajustes nos impostos alfandegários beneficiaram a entrada de produtos importados. Essas mudanças permitiram que o cacau estrangeiro se tornasse um forte concorrente para o cacau brasileiro, levando à falência inúmeros produtores rurais e donos de indústrias. Para piorar, **a praga da vassoura-de-bruxa**, retratada na ficção da novela *Renascer* (Globo, 1993/2024), literalmente varreu a plantação de cacau por colheitas seguidas, influenciando a quantidade e a qualidade do cacau produzido em solo brasileiro, principalmente na Bahia.

Espalhando-se rapidamente pelo ar, a vassoura-de-bruxa (*Moniliophthora perniciosa*) reduziu a produção baiana em 60% e provocou a falência de quase 30 mil fazendas. A baixa produtividade fez o preço despencar – e o desemprego na região chegar a níveis inéditos. Estima-se que 250 mil trabalhadores rurais ficaram sem ter de onde tirar seu sustento.

Fonte: Superinteressante. "A bruxa do cacau", reportagem de Guilherme Eler.

Meu pai, Ivan Ribeiro, assumiu a presidência da empresa bem por essa época. Ele era um verdadeiro apaixonado, adorava se relacionar, conhecia muitas pessoas. Gostava de gente! Mas, desde muito cedo, ficou claro que não teria o preparo emocional necessário para gerir uma empresa em crise. E, como se o patrimônio de anos de trabalho duro se esfacelando não fosse tragédia suficiente, meu pai ainda enfrentou a perda de três membros de nossa família: dois tios, irmãos de minha mãe, e um tio, irmão de meu pai. Esses três homens, além de muito amados, eram fundamentais na condução dos negócios da Ferraz. A partida deles deixou um cenário de tristeza e isolamento para meu pai, que, sentindo a pressão da enorme responsabilidade que se avizinhava, caiu em depressão.

Passei a ter medo de meu pai tirar a própria vida, mas o que de fato aconteceu fez ainda menos sentido.

Em 1996, estávamos morando em Salvador, mas meu pai não se afastava de Ilhéus por muito tempo. Em um dia normal de trabalho, precisou se deslocar até a fazenda. Chovia muito. No trajeto, ouviu um barulho estranho no carro e resolveu encostar. Ao descer, foi atropelado na estrada por outro carro.

Já me sentia angustiada por saber que ele estava dirigindo com aquela quantidade de chuva. Mas, quando o telefone de nossa casa tocou, confirmei a causa de minha angústia. Eu era muito ligada a meu pai. Do outro lado da linha, um policial federal avisava que ele havia falecido.

O dia 9 de novembro de 1996 marcou a minha vida para sempre e se tornou um dos momentos mais importantes de minha trajetória; há um antes e depois desse dia. A partir da morte de meu pai, começou a minha nada mole vida. Foi como aprender a andar de novo.

As mudanças já estavam em curso desde os meus 9 anos, quando perdi o primeiro dos três tios que faleceu. Todos esses eventos me fizeram amadurecer muito rápido. Diferente de outras meninas de minha idade, eu não podia pensar apenas em me divertir. Ficava preocupada em saber a previsão do tempo, se ia chover ou se teríamos um período de seca, se conseguiríamos vender a colheita do cacau ou se a empresa entraria em recuperação judicial.

É claro que eu trocaria tudo pela presença de meu pai e de meus tios na minha vida até hoje. Mas, sem dúvida, a mola propulsora para me tornar quem sou veio de minhas perdas e tragédias familiares.

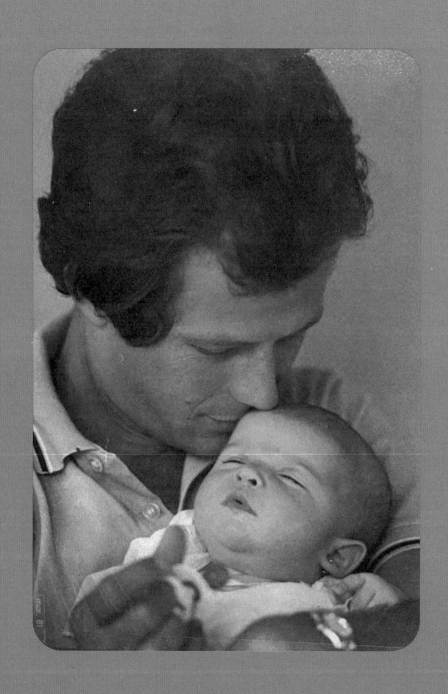

Mesmo sendo uma mulher gorda – e talvez justamente por isso –, sempre fui uma garota muito popular no círculo escolar. Os colegas gostavam de mim porque, desde cedo, eu encantava. Com meu pai, eu aprendi a gostar de gente! Eu também gostava de moda e das festas. Era descolada e culta. Costumo dizer que eu já era uma influenciadora. Uma influenciadora da vida real! Meu principal objetivo sempre foi entender as pessoas, ouvi-las, conhecê-las. Isso vem desde muito cedo.

Perdi muita aula para ficar na quadra da escola com meus amigos planejando eventos, peças de teatro, publicações. Imagino a preocupação de minha mãe ao se ver viúva com dois filhos adolescentes e me perceber pouco preocupada com os estudos formais. Mas meu instinto me levava a me interessar mais pelas pessoas do que pelos diplomas. Na faculdade, cursava Jornalismo, mas investia mesmo no carisma e nos contatos, até porque eu já trabalhava muito. Restavam poucas horas no meu dia para me dedicar a outra coisa.

Em meus primeiros anos como empreendedora, meu conhecimento era resultado mais da experiência do que dos livros, e isso teve a ver, sobretudo, com as demandas que a vida foi colocando para mim e para minha família. Desde que me tornei sócia de seis empresas de um grupo que fatura cerca de 300 milhões de reais por ano, consegui me especializar, estudar inglês, participar de congressos internacionais. A educação é um instrumento de transformação na vida das pessoas, não há dúvidas, mas não se esqueça que há inúmeras outras formas de conhecimento para além do teórico.

Aprendemos muito com as experiências que temos, com as pessoas com as quais convivemos, e esse aprendizado deve ser valorizado, visto que singulariza a nossa percepção e ação sobre o mundo.

No início da minha carreira, depois de uma breve passagem por sites de celebridades em Salvador, percebi que meu principal ativo era a minha personalidade. Gostava de estar com as pessoas na noite, queria me tornar tão famosa quanto as celebridades que fotografava ou entrevistava, e comecei a ganhar dinheiro, cavando as oportunidades, sendo envolvente.

Naquela época, não falava inglês, e era consideravelmente menos bem-sucedida do que as pessoas com quem convivia e trabalhava. Porém, minha facilidade de conversar, minha gargalhada solta e meu jeito extrovertido diminuíram as diferenças sociais, e logo eu havia me misturado àqueles círculos e me sentia muito à vontade.

Quando estava começando a entender o meu propósito, me descobri grávida de quatro meses. Eu tinha 23 anos, e meu companheiro à época, 26. Casei-me em seguida, enfrentando o silêncio de quinze dias de minha avó, magoada com a gravidez da neta quando ainda estava solteira. Apesar de tudo, eu sabia que não poderia parar de trabalhar. Minha família nunca se recuperou financeiramente, e meu então marido não ganhava o suficiente para sustentar esposa e filho.

Aos 24, decidi deixar meu filho Matheus com minha mãe e minha madrinha em Salvador e me mudei para São Paulo. Sabia que não teria outro lugar com melhores oportunidades no ramo em que me especializei do que a terra da garoa. Não fui uma mãe presente para meu filho em seus primeiros dez anos. À época, eu já era obcecada pelo trabalho, queria a todo custo proporcionar uma vida melhor para Matheus. Queria que ele, sim, estudasse nas melhores escolas, fizesse intercâmbio e tivesse oportunidades mais sólidas.

Por anos seguidos, passamos o réveillon separados, ele em Salvador e eu em Trancoso, trabalhando. Lembro de me afastar da equipe para chorar no banheiro inúmeras vezes. E sabia que Matheus também chorava a minha ausência.

Não sinto apenas orgulho dessa fase de minha vida. A culpa por ter relegado meu próprio filho a um segundo plano me acompanha até hoje. Sei que muitas mulheres passam situações muito piores e, em geral, têm vergonha de assumir as próprias vulnerabilidades, de encarar as consequências das próprias escolhas. Seria muito mais fácil se a gente falasse de coisas difíceis com mais verdade, né?

O que me conforta é saber que fiz o que era possível e por um objetivo maior. Hoje, entendo que não teria como ter sido diferente. Mesmo com culpa, o que não rola é não se perdoar por ter a coragem necessária para escolher o caminho a seguir.

✦ Nenhuma mulher pode ser feliz se ela esquecer-se de onde veio.

Perceber a importância das lições aprendidas ao longo da vida e seguir honrando os ensinamentos é perpetuar o legado das pessoas que vieram antes de nós, conferindo a elas a máxima importância.

Além da importância de meu pai na minha vida, contei com a ajuda de mulheres extraordinárias na família. A começar por minha avó, Julita Ferraz. Mulher forte e autoritária, uma verdadeira matriarca, sabia o que queria e tinha um coração gigante. Era professora de português, latim e francês já nos anos 1960. E, mesmo com quatro filhos para criar, nunca parou de trabalhar. Deu aula de português até os 89 anos! Achava fundamental ser uma mulher independente para conduzir a própria vida e ajudar outras pessoas.

Minha mãe, Luiza, por sua vez, abriu mão de muita coisa para criar a mim e a meu irmão. Hoje, não consigo imaginar a minha vida se não compartilhar tudo com ela, que é a minha maior incentivadora. Bastou que ela acreditasse em mim, lá no início, para que eu passasse a me ver como uma pessoa capaz de conquistar tudo aquilo que sonhava – mesmo que eu não acreditasse e precisasse me esforçar muito para me enxergar pelo olhar dela.

Em São Paulo, fui recebida e acolhida por minha tia Monique Gardenberg. Sempre uma inspiração, tia Monique foi a primeira mulher criadora de eventos proprietários do Brasil, como o Free Jazz e o Carlton Arts, e também trouxe Madonna, em 1993. Até conviver diariamente com ela, e aprender os jargões e as posturas do universo corporativo paulistano, eu só havia trabalhado como jornalista. Naquele momento, não conseguia me enxergar ocupando lugares importantes e de grande relevância, como fazia tia Monique. Foi ela quem pegou na minha mão e me convenceu de que eu era capaz de trabalhar no mercado de grandes eventos e conquistar o meu próprio sucesso, à minha maneira. Na esteira dos passos de tia Monique, trilhei o meu próprio caminho.

Tive ainda o prazer de ter Rita, minha madrinha. Ao lado de minha mãe, cuidou de meu filho enquanto eu tentava a vida em São Paulo. Quando me recordo dos momentos mais difíceis,

Rita está presente neles todos. Ela é a materialização do amor. É a prova de que não é preciso ter dinheiro, bens ou conhecimento para ser importante na vida das pessoas. Cada um oferece aquilo que tem. E o que Rita me ofereceu orienta meus princípios até hoje.

Quis contar tudo isso a você porque não tenho motivos para inventar uma história constante de vitórias e conquistas, a fim de justificar o meu sucesso. Trinta anos depois da morte de meu pai, consigo identificar poesia e beleza nos acontecimentos trágicos de minha vida, e percebo o quão importante foi superá-los com resiliência e fé. Reconheço o aprendizado e aceito as lições. Não quero ficar me lamentando, nem exaltando a minha própria força em uma demonstração iludida de egocentrismo.

Minhas histórias não são as histórias ideais da empreendedora de sucesso, mas delas consegui extrair um importante lembrete: independentemente da gravidade das situações pelas quais você passar na vida, há uma luz no fim do túnel. Sempre há uma chance de sair do caos em que volta e meia a vida se transforma.

Para isso, recomendo que você se cerque de pessoas que a encorajem, que facilitem o seu caminho. Pessoas generosas, empáticas à sua história de vida. Localize os seus maiores admiradores e reforce o laço de amor e amizade com eles. Ter com quem contar nos momentos difíceis é uma fonte de autoestima para aplacar o desânimo.

Quero convidá-la a refletir sobre suas vulnerabilidades e seus pontos fortes, a fim de reconhecer a contribuição de ambos para seu desenvolvimento individual. Antes de responder, reflita brevemente sobre os momentos em que se sentiu desafiada ao se perceber vulnerável e quais características afloram quando é preciso superar as dificuldades.

Lembre-se: reconhecer nossas vulnerabilidades é fundamental para superá-las.

Qual foi a última vez em que você se sentiu vulnerável? Pense um pouco na sua reação e no impacto desse sentimento na sua vida pessoal e profissional.

_____

_____

_____

_____

_____

_____

_____

_____

Em que situações você se sente mais forte? Relembre os pontos fortes que lhe permitiram desenvolver a força da qual precisava.

Como suas vulnerabilidades influenciam seus pontos fortes, e vice-versa?

Seus pontos fortes brilham ainda mais quando você admite suas vulnerabilidades.

CAPÍTULO 2

A grande virada: empreender a própria vida

Já trabalhava na Faria Lima, em São Paulo, numa empresa de sucesso do ramo do luxo, quando paguei a conta de uma padaria com um cheque sem fundo. Precisava dar de comer a meu filho e não tinha saldo suficiente na conta. Não quero fingir que isso nunca aconteceu. Quero contar a você que, como mãe, agi no instinto, o instinto materno, aquele que une mulheres de todas as classes sociais em um lugar-comum: o de prover o sustento básico dos filhos.

Em Salvador, iniciei minha carreira profissional em um ambiente muito ligado à exposição social e à ostentação. Ainda jovem, fui convidada para trabalhar em um site de lifestyle, então todas as noites saía com um fotógrafo e frequentava as principais festas sociais. Escolhia as pessoas a serem fotografadas pelo *look* que estavam usando ou fotografava os rostos de amigos e conhecidos nas festas. Logo, comecei a ficar famosa na noite soteropolitana. E eu adorava, né? Me divertia muito, porém, não ganhava um real! Trabalhava pelo prazer de ter contato com as pessoas. E, claro, adorava uma badalação.

Quando comecei a trabalhar em um veículo de comunicação maior, com abrangência e influência na cidade, passei a assinar uma coluna social. Eu tinha apenas 21 anos. As portas dos eventos mais legais da cidade estavam abertas para mim. Cheguei a viajar para São Paulo para cobrir o SP Fashion Week. Dessa experiência, saíram alguns aprendizados que iriam nortear minha carreira. O mais importante deles foi aprender a separar o trabalho da diversão. Outro, também fundamental, foi começar a entender melhor a relação entre a minha vida pessoal e profissional.

Nem tudo foram flores, mas, mesmo assim, acabei colhendo bons frutos. Nessa época, passei a me relacionar com um *networking* de artistas e celebridades. E, justamente por conta desses contatos, consegui abrir, em parceria com uma professora, uma assessoria de imprensa, a Think, que se ocupava principalmente do Carnaval. Era a ascensão do Axé Music, e os camarotes, os blocos e as festas de Carnaval em geral começavam a chamar a atenção do Brasil todo.

Gerenciava um monte de coisas ao mesmo tempo, mas lembra? Eu não estudei para ser uma empreendedora. Não sabia nada de negócios, não fazia a gestão de meu dinheiro corretamente. Sabia, sim, fazer meu trabalho muito bem, mas era meio atrapalhada na gestão de pessoas. Em vários meses, eu finalizava as contas pagando todo mundo e ficava sem nada. Até me esquecia de reservar a quantia necessária para pagar os impostos! Era tudo no instinto, de errar e de acertar. Mais errar do que acertar, é

verdade. Fui direto para a arena da ação, dei minha cara a tapa. Só tinha meu carisma e a credibilidade de um bom trabalho. Por fora, tudo resolvido. Por dentro, uma grande confusão.

E não posso dizer que me arrependo. Claro que teria sido mais fácil se eu tivesse a mínima ideia do que estava fazendo. Ao mesmo tempo, se não tivesse tido a ousadia de ir lá e fazer, não teria alcançado os lugares em que estive nos anos seguintes.

Quando o pai de Matheus propôs a mudança para São Paulo – ele havia conseguido um emprego na capital paulista –, eu aceitei na hora. Entendia que havia chegado no topo em Salvador, sentia que não havia mais desafios, e parti em busca de oportunidades melhores para meu filho e para mim.

Novamente, me vali dos contatos que havia feito durante as incursões em eventos sociais e comecei a ligar para pessoas em São Paulo pedindo um emprego. Mas foi tia Monique quem conseguiu a entrevista que me daria a oportunidade de, finalmente, entrar no mercado corporativo paulistano.

Passei dois anos fingindo ser uma pessoa que eu não era. Queria tanto me tornar uma profissional especializada no mundo corporativo, que me forcei a me tornar uma... paulistana! Sim, comecei a vestir roupas de cores escuras, falar mais baixo e devagar, pronunciar as palavras sem sotaque e até me vigiar para não rir tão longamente. Queria me adaptar a um mundo onde as pessoas mantinham certa distância umas das outras. Uma distância profissional. Não acreditava em nada daquilo, mas estava em busca da aprovação externa de pessoas com quem eu não tinha absolutamente nada a ver.

Contudo, foi esse comportamento que me levou a trabalhar nos lugares com os quais sempre sonhei. Lá em Salvador, como várias adolescentes de minha época, eu olhava para São Paulo e imaginava o glamour dos grandes escritórios, das salas de reuniões, uma coisa meio *O diabo veste Prada*, sabe? Conseguia me imaginar caminhando apressada em um terninho preto por uma calçada movimentada, segurando um copo de café da Starbucks e uma pasta cheia de papéis, chamando o táxi que me levaria para um dos meus vários compromissos corporativos.

Infelizmente, caí da nuvem de meu conto de fadas muito rápido. Bem mais rápido do que esperava. No lugar do sonho, encontrei ambientes tóxicos, nos quais a violência verbal e até a física eram aceitas em silêncio por equipes constrangidas, humilhadas e temerosas de perderem suas posições de suposto poder e influência. Entendi que as pessoas queriam enriquecer e se manter no topo, e boa parte delas faria tudo para chegar ao lugar que imaginavam ser o auge. E eu também queria, claro. Queria ser rica, influente e famosa.

Por isso, confesso que acabei reproduzindo essa toxicidade nas minhas próprias relações de trabalho, assim que comecei a assumir cargos de relevância. Gritava com as pessoas, não queria ouvir outras opiniões, tinha medo de ser ofuscada por qualquer um que não concordasse comigo. Incorporei a necessidade de brilhar a qualquer custo, de crescer rápido, de estar no centro das atenções o tempo todo. Lembra? Eu não tinha formação técnica para assumir as posições que conquistei a partir de meu carisma. Eu ia no instinto, e, nos primeiros anos, os exemplos que havia a meu redor ditavam um comportamento abusivo e desrespeitoso como a única forma de se impor em um mercado competitivo. Ainda mais sendo mulher e nordestina.

Eu mesma tinha sido muito humilhada. Então, quando alcancei algum tipo de êxito, passei a humilhar outras pessoas, também. Levei muitos anos para entender as consequências da reprodução desses comportamentos na minha própria saúde mental.

Com 32 anos, tive meu primeiro burnout. Nesse momento, a doença era amplamente desconhecida. Talvez, a primeira pessoa pública a tratar desse assunto tenha sido a jornalista **Izabella Camargo**, quando, em 2018, sofreu um "apagão" em um canal de televisão aberta durante a previsão do tempo. Segundo ela: "O burnout era uma hecatombe que estava para desabar no mundo quando comecei a falar sobre o assunto. Até então, só se entendia a dor física". O Ministério da Saúde brasileiro já falava de "doença laboral" desde 1999, mas foi só em 2002 que a Organização Mundial da Saúde (OMS) incluiu o burnout na classificação internacional de doenças. Sem dúvida, já avançamos muito nessa discussão, mas, quando senti os sintomas de um burnout pela primeira vez, não havia sequer um vocabulário para definir o que eu estava sentindo.

> **Para saber mais:**
> *Veja.* *"Izabella Camargo, que sofreu burnout: 'Fiquei um ano sem dirigir'."* 8 mar. 2024.

Achei que era apenas um episódio de estresse. Estava mais preocupada em voltar logo ao trabalho e não perder o status que havia conquistado e, sobretudo, o meu salário. Fiquei dez dias afastada, mas não comentei nada com minha família. Criei uma farsa silenciosa de normalidade. E, dez dias depois, voltei a trabalhar como se nada tivesse acontecido.

O resultado desse processo de negação foi seguir reproduzindo um padrão adoecido de relações pessoais no trabalho. Acabei migrando de uma posição para outra, meu salário aumentou e as minhas responsabilidades também. Por fora, tudo parecia ter realmente voltado ao normal. E um normal com ainda mais status e dinheiro. Eu era reconhecida, conseguia negociar muito bem, tinha poder de convencimento. Ia catapultando posições cada vez maiores sem me preocupar com a gestão de minha própria vida.

Esse padrão de comportamento me levou a um segundo burnout – dessa vez, fiquei afastada por 43 dias, com laudo psiquiátrico que apontava nominalmente a doença. Fiz terapia, meditação, academia. Tentei de tudo para melhorar rápido. Mas meu cérebro estava cansado, eu só tinha vontade de dormir. Enquanto isso, tudo aquilo que havia conquistado passava diante de meus olhos, como se eu fosse uma espectadora passiva. Pior: me sentia como um cachorro em frente a uma vitrine de frango assado. Nunca tinha tido controle sobre minha vida pessoal, mas, agora, havia perdido o controle também sobre a tão sonhada carreira que vinha construindo.

Eu ainda encarava o trabalho como a coisa mais importante de minha vida. Dedicava 80% de meu tempo ao trabalho e não sobrava muito para me dedicar a mim mesma ou à minha família. Sentia culpa pelo descanso forçado.

Era impossível quebrar o ciclo de abusos sem admitir que seguia fazendo a mesma coisa: absorvia os problemas das empresas como se fossem meus, misturava minha vida profissional com a vida íntima de meus superiores, colocava o trabalho acima de minha família e de minha saúde mental. Buscava sempre ir além de minha capacidade, correndo contra o tempo, me levando ao limite. Chegando à beira do abismo várias vezes...

Enquanto isso, minha vida pessoal seguia um grande caos. Não tinha dinheiro guardado nem um plano de futuro, não me enxergava como alguém capaz de gerir meus sentimentos. Odiava meu corpo, odiava minha imagem.

Precisei retornar a mim mesma em um processo de autoconhecimento profundo.

Foi quando entendi duas coisas muito importantes. A primeira é que eu não tinha um propósito de vida. O que realmente me movia? Qual era o sentido de minha jornada? Para onde eu estava indo ao correr tanto? A segunda coisa foi perceber que eu não estava cuidando de meu próprio legado. De que forma as pessoas se lembram de mim? Qual é a impressão que a minha vida deixa nelas?

A grande virada veio quando entendi que eu era totalmente descartável e substituível em qualquer uma das empresas que havia trabalhado até então. Aliás, em qualquer empresa! No mercado de trabalho! Estar sempre disponível – em finais de semana, em feriados –, cuidar dos problemas pessoais dos gestores, resolver todos os problemas da empresa, perder o sono pensando nas entregas e nos clientes, nada disso me tornaria uma pessoa mais relevante. Mesmo fazendo tudo e mais um pouco, eu seguia com medo. Medo de perder o emprego, medo de ficar sem dinheiro, medo do que as pessoas pensariam de mim.

O burnout é uma doença extremamente solitária. Só a autoconsciência e o autoconhecimento podem evitar sermos acometidos por ela. Olhar para dentro de si, admitir as fraquezas, reconhecer os pontos fracos, se entender como um indivíduo, não apenas como um funcionário. Voltar a ter uma rotina de descanso, de prazer, de acolhimento. Buscar lugares seguros com pessoas de confiança. Estar em sintonia com um propósito de vida e afinar a intuição. Cuidar do caminho, levando em consideração o futuro. Deixar de lado os pensamentos egoístas, o ego, a ideia de superação acima de qualquer dificuldade.

Nem sempre vamos dar conta de tudo, nem sempre vamos estar prontas no dia seguinte. Todas essas lições foram aprendidas de uma forma muito dura. Foi trabalhoso e desgastante o processo de se reconhecer como uma pessoa com limites.

Hoje, como uma mulher rica e próspera, me tornei alguém ainda mais interessada no coletivo. Quero ajudar as pessoas, assim como fui ajudada por pessoas tão importantes ao longo de minha existência.

Acredito muito no poder transformador das iniciativas coletivas, mas é imprescindível praticar a transformação; caso contrário, meu discurso é vazio. Eu mesma tive que me transformar diversas vezes, e isso só aconteceu porque tratei de me conhecer melhor, de me ouvir e me acolher, mesmo nas minhas imperfeições. Decidi não depender do que os outros diziam sobre mim, sobre minha aparência, sobre minhas habilidades e capacidade intelectual.

Quando comecei a melhorar, resolvi falar sobre o burnout publicamente. Era necessário desconstruir a imagem simplista de que eu havia ficado "louca". Além disso, senti a necessidade de compartilhar essa história com aqueles que estavam passando pelo mesmo processo e se sentiam perdidos. Ninguém falava sobre o assunto, mas era muito claro para mim que eu encontraria outras pessoas na mesma situação. O mercado de trabalho pode ser um fator de adoecimento, e era mandatório tratar desse problema.

Para além do mundo corporativo, sentia que precisava falar, também, sobre a importância do amor-próprio e do autoconhecimento para evitar relacionamentos tóxicos e abusivos em qualquer área da vida. O amor que hoje admito sentir pelo meu próprio corpo veio do burnout – e, com isso, não quero romantizar essa doença terrível. Não desejo que ninguém passe por ela para aprender a mesma coisa.

A verdade é que só consegui sair daquele buraco investindo no autoamor. E, nesse processo, percebi que várias vezes eu havia me submetido a relações amorosas abusivas porque me sentia inferior. Tinha medo de ser descartada por ser uma mulher gorda. A falta de autoaceitação me fez topar situações que eu jamais poderia ter imaginado. Demorou bastante tempo para que eu entendesse que a vida precisava ser vivida, que eu não deveria ser definida pelo meu corpo. A vida baseada em caráter, ética e propósito fazia muito mais sentido e me movia com mais rapidez.

Por meio dessa reflexão, fui fazendo as pazes comigo mesma e com meu corpo. Comecei a me aceitar por inteiro. Não só as partes boas. Revisei toda a minha história, voltei àqueles momentos à beira do abismo e celebrei todas as vezes em que consegui me reerguer. Eu já havia perdido tudo. O emprego, o salário... o status. Poderia seguir repetindo os padrões e ter outro burnout, ou morrer. Ou poderia reorganizar a rota de minha vida.

O burnout me deixou nua. Removeu todas as cascas que a vida havia formado em torno dos meus traumas. Tudo ficou exposto. E precisei olhar para isso com muito cuidado e amor-próprio. Assim como aconteceu quando meu pai se foi, eu precisei reaprender a caminhar. E foi dando meus primeiros novos passos que renasci profissionalmente.

Que tal escrever uma carta para si mesma?

Faça uma carta endereçada à pessoa mais importante de sua vida: você! Expresse todo o seu amor, a sua compaixão e empatia e, sobretudo, o seu encorajamento.

Aproveite para refletir sobre pequenas práticas diárias que podem melhorar a relação consigo. Pense em quais estratégias podem ajudá-la a lidar com a autocrítica excessiva e promover a autoaceitação.

Esta carta será um belo lembrete e um incentivo importante para os momentos em que você se sentir frágil e desamparada. Cultivar o amor-próprio pode salvá-la de relações tóxicas, de ambientes profissionais abusivos e, principalmente, de aceitar menos do que você merece em qualquer área de sua vida.

É hora de se apaixonar por você!

Como o ato de lapidar um diamante, o autoconhecimento extrai o nosso melhor brilho.

CAPÍTULO 3

A importância da diversidade

Há alguns anos minha atuação profissional se divide entre a gestão empresarial e a produção de conteúdo digital. Em ambas as esferas, procuro conduzir um trabalho ético, que leve em consideração as pessoas – acima de tudo – e gere frutos para o coletivo. Em especial, busco empoderar as mulheres, que, como sabemos, precisam se esforçar mais para se destacarem no ambiente de trabalho, além da obrigação de corresponder a uma série de padrões, sobretudo físicos, bastante irreais.

Nesse sentido, em minhas contas nas redes sociais, como o Instagram, busco reafirmar uma imagem positiva dos diferentes corpos femininos, expandindo o tão restrito conceito de beleza e dando visibilidade a corpos considerados "fora do padrão".

Em minha carreira, enfrentei inúmeros obstáculos por ser uma mulher gorda. Ao entrar em uma sala de reunião – quase sempre ocupada por homens –, sentia os olhares difamatórios tentando diminuir a minha capacidade, antes mesmo que eu abrisse a boca. A sensação era de que não poderia alcançar os lugares de liderança ou me tornar sócia de uma grande empresa, ou, ainda, ser bem-sucedida.

Infelizmente, esse preconceito é bastante comum. O sobrepeso ou a obesidade estão associados a valores desabonadores no meio corporativo, como desleixo, preguiça, insatisfação pessoal, baixa autoestima, falta de foco ou de força de vontade. Já ouvi de pessoas com corpos-padrão que não se sentiriam à vontade para contratar pessoas de corpos grandes. É preciso desconstruir essa imagem da pessoa gorda como menos capaz de assumir compromissos ou de bater metas. Tal associação foi alimentada, por anos, pelas revistas de moda e, mais recentemente, pelas redes sociais.

Você já ouviu falar do "efeito Halo"?

O termo foi cunhado por Edward Lee Thorndike (1874-1949), psicólogo norte-americano, durante a Primeira Guerra Mundial (1914-1918). A partir de um experimento realizado com um grupo de soldados do exército, Thorndike observou que aqueles considerados mais "bonitos" – ou seja, mais encaixados no padrão de beleza da época – foram definidos como mais habilidosos. O tal padrão de beleza também levava em conta a estrutura física, a postura, a vestimenta e outros aspectos da aparência dos homens, o que acabou influenciando a avaliação dos comandantes em relação ao grupo sob sua tutela. A conclusão de Thorndike é de que o cérebro humano analisa, julga, conclui e define uma pessoa a partir de uma única característica, de um único aspecto

– em geral, aquele que chama mais atenção em um primeiro olhar. É daí que surgem os estereótipos, restando pouco espaço para uma expansão da primeira impressão. *A primeira impressão é a que fica,* certo? Não precisa ser assim. O contraponto ao "efeito Halo" é a tomada de consciência e a resistência ao prejulgamento baseado exclusivamente na imagem física das pessoas.

Fonte: GONZAGA, T. V. O impacto da gordofobia no ambiente corporativo. LinkedIn: Taís Victor Gonzaga, 8 fev. 2022.

A compulsão alimentar começou no dia em que meu pai morreu. Na madrugada, enquanto o corpo jazia no IML, encontrei o prato que minha mãe havia deixado para o jantar dele, dentro do micro-ondas. Era moqueca de camarão, uma de suas comidas favoritas. Comi o prato destinado a meu pai, que nunca retornou para casa, e não parei mais de comer, tentando preencher a falta que fazia a pessoa mais importante de minha vida.

Logo no primeiro mês, engordei sete quilos. Ansiedade, medo e angústia foram alguns dos sentimentos que desenvolvi muito fortemente nesse período. Hoje em dia, fala-se muito sobre as consequências da compulsão alimentar e, mais ainda, do transtorno de imagem. O amor-próprio está em evidência, gera engajamento e *likes* nas redes sociais. No caso do transtorno de imagem, a pessoa simplesmente acessa outra imagem no espelho, diferente da realidade. Ela não consegue enxergar o seu corpo da mesma forma que outras pessoas enxergam! Amar-se de verdade não é tão simples quanto parecem indicar as dicas rápidas de *posts* na internet.

Quando meu pai morreu, a comida se tornou a minha tábua de salvação. Durante anos, convivo com esse transtorno e com a angústia que ele me provoca. Ao mesmo tempo, foi justamente esse corpo – o meu corpo – que me trouxe até aqui e me fortaleceu, potencializou as minhas qualidades. Foi meu corpo, atravessado pelas questões da compulsão alimentar, que me fez levantar a bandeira do movimento Corpo Livre, e se converteu em uma poderosa fonte de transformação para mim e outras mulheres.

Não se aceitar ou não aceitar a forma do próprio corpo é um problema bastante comum para nós. Estamos sempre olhando para os erros, as imperfeições, os piores ângulos. E, ao focarmos isso, os tais problemas se tornam ainda maiores. O julgamento da sociedade recai com mais força sobre o corpo das mulheres. Além de sermos conduzidas à magreza, às dietas, à restrição alimentar durante todas as fases de nossa vida, ainda somos proibidas de envelhecer. Depois de passar fome por anos, ainda temos que ir para a mesa de cirurgia e excluir qualquer traço que indique a nossa verdadeira idade.

Nesse processo, vamos enfraquecendo. Será mesmo que estamos aproveitando a plenitude deste presente que é estarmos vivas? Pensa comigo: quantas situações você já evitou por não se sentir confortável com o seu corpo? Uma praia com os amigos, um jantar no fim do dia, um evento importante, uma fatia do bolo de aniversário de seu filho. Enquanto isso, estamos perdendo momentos que não voltam, deixamos de agradecer e abrimos mão de nosso próprio crescimento.

Hoje, com a consciência que tenho dessas questões, me sinto mais forte e consigo controlá-las. Isso só foi possível por meio de um processo de autoconhecimento intenso, viabilizado por uma série de ferramentas e terapias, como psicanálise, meditação, ThetaHealing, entre outras.

Quando nos aceitamos, quando aprendemos a nos amar de verdade, impulsionamos a nossa jornada de autoconhecimento e nos aproximamos da nossa liberdade. Para sermos verdadeiramente livres, precisamos nos libertar das amarras de um padrão de beleza cujo objetivo foi sempre nos subjugar.

> O Transtorno da Compulsão Alimentar Periódica (TCAP) se caracteriza pela ingestão de alimentos em altas quantidades em um curto período. Associado diretamente à ansiedade e à depressão, o TCAP impede que as pessoas gerenciem suas emoções e seus sentimentos de uma forma saudável, convertendo a comida em alívio para a angústia.
>
> **Fonte:** ALBUQUERQUE, A. L; BAHIA, F. C. C.; MAYNARD, D. C. Compulsão alimentar: uma análise da relação com os transtornos psicológicos da depressão e ansiedade. *Research, Society and Development*, 2021, v. 10, n. 16, e380101623982.

Em 2005, a Catho, página de empregos online, realizou uma pesquisa com 31 mil executivos brasileiros. Destes, 65% afirmaram ter alguma restrição na hora de contratar pessoas gordas. Além disso, o IMC (índice de massa corporal) acima de 30, que é um padrão de medida internacional para obesidade, pode representar uma perda de até R$92 por mês no salário a cada ponto a mais. Cerca de 92% dos brasileiros admitiram ter sofrido gordofobia no convívio social.

Apesar de não haver uma lei específica que criminalize a gordofobia, caso ela aconteça no mercado de trabalho, poderá ser enquadrada como assédio moral. Se o trabalhador for humilhado em razão de qualquer característica física, o crime pode ser de injúria ou de crime contra honra, ambos previstos no Código Penal.

A gordofobia pode ser associada, ainda, à falta de saúde. Imagina, agora, se um fumante não for contratado apenas por ser fumante. Parece absurdo? Sim, porque é. O mesmo vale para a desculpa da saúde física que esconde a gordofobia. As empresas precisam tornar o ambiente acessível, instalando catracas mais espaçosas, provendo cadeiras e mesas adequadas a pessoas grandes, aumentando o espaço das cabines dos banheiros. Enfim, a ausência de um ambiente adequado a pessoas gordas é sinal de que a empresa não tem interesse em contratar pessoas que ficariam desconfortáveis nos pequenos espaços que lhes são oferecidos.

Mas, afinal, a inclusão de corpos diversos pode realmente contribuir para a criatividade e a inovação nas empresas? É claro que sim! Não basta só falar ou fazer *posts* afirmativos nas redes sociais. É preciso ir além e prestar atenção no conteúdo identitário e diverso que corpos fora do padrão têm a oferecer. Um empreendedor que só emprega pessoas iguais a si mesmo, que vêm do mesmo lugar, da mesma cultura, terá sempre as mesmas ideias, vai trilhar o caminho da mesmice. É difícil inovar quando não se propõe a fazer diferente!

A diversidade traz olhares complementares. Um bom empreendedor vai entender que a diversidade é a chave do sucesso para a inovação, para a criatividade e, principalmente, para que a sua empresa se mantenha atualizada.

Empresas que promovem a diversidade:

- **Diversidade de gênero:** equipes de liderança com diversidade de gênero superam seus concorrentes em até 14%. Em relação à performance financeira, organizações focadas na diversidade de gênero têm 93% mais chances de superar os concorrentes.

- **Diversidade de orientação sexual:** respeito e inclusão resultam em 25% mais chances de superar a performance financeira dos concorrentes.

- **Diversidade étnico-racial:** empresas que se comprometem a investir na diversidade étnico-racial apresentam inúmeras vantagens competitivas em relação a seus concorrentes.

E mais:

- 63% dos funcionários admitem se sentirem felizes e comprometidos no ambiente de trabalho em empresas que apostam na diversidade, em contraponto a apenas 31% em companhias nas quais não há esse comprometimento.

- 36% dos funcionários permanecem três anos ou mais em empresas comprometidas com a diversidade.

- 15% se sentem dispostos a expressar o desejo de uma promoção.

Fonte: Diversity Matters. Consultoria McKinsey, América Latina.
In: NADER, T. Como a diversidade potencializa o resultado das empresas. *Think Work*, 2 out. 2023.

JU FERRAZ

A desconstrução de padrões estéticos vai fazer um bem enorme ao coletivo. Tenho certeza de que vai impactar a questão de saúde mental, os diversos problemas de autoestima e os pensamentos limitadores de pessoas que não se sentem aceitas pela sociedade, não conseguem atravessar os seus medos e estão paralisadas.

No campo estético da moda, falar de corpos gordos tem uma importância ainda maior. Não estamos apenas falando de autoaceitação, mas de representatividade. É fundamental que as pessoas tenham referências, se reconheçam nas capas de revistas, nos *posts* de redes sociais, nos desfiles de alta costura. A representatividade se torna uma possibilidade, um caminho a seguir. É fundamental construir espaços para todos os tipos de corpos.

Quando iniciei a minha carreira, confesso que não sabia para onde seguir. Como seria a minha vida profissional sendo uma mulher gorda? Naquela época, no início dos anos 2000, a minha única referência era a Preta Gil – que segue sendo uma referência para mim e outras mulheres até hoje. Atualmente, podemos falar de inúmeras influenciadoras, cantoras, atrizes e celebridades que não ficaram subordinadas a um falso padrão de beleza. Mulheres empoderadas que exibem seus corpos com liberdade e orgulho. Mas nem sempre foi assim.

Durante muito tempo, quando falávamos de diversidade, era preciso buscar referências importadas dos Estados Unidos ou da Europa. Mas creio que o Brasil já tenha desenhado o seu próprio conceito de diversidade de uma maneira bastante original, formada pelas múltiplas identidades que compõem o povo brasileiro. Não precisamos nos inspirar em exemplos estrangeiros ou adotar nomenclaturas estranhas ao nosso idioma, como é o caso da moda "plus size".

Sinceramente? Detesto esse nome!

Por que a moda não pode ser plural? É realmente necessário que façamos uma divisão entre a moda e a moda "plus size"? A moda deve ser abrangente, contemplando todos os tamanhos. E pronto! Sem essa de criar um "Muro de Berlim" e dividir a moda entre pessoas magras – que usam roupas de tamanhos entendidos como "normais" – e pessoas gordas – para quem só resta o padrão predeterminado de uma moda "plus size".

A moda "plus size" nem parece moda, né? Não acompanha as tendências, até porque não há tendências de moda para corpos gordos. Além disso, como uma pessoa gorda deve se vestir – restrita ao mercado "plus size" – sem se sentir estereotipada por suas medidas? Essa pessoa quer apenas se vestir bem, ela não quer levantar uma bandeira toda vez que precisar se apresentar em público. Ninguém quer entrar numa loja e passar pelo constrangimento de não caber em nenhuma das roupas expostas nas araras ou nas vitrines de uma loja com roupas... da moda!

A autora **Aliana Aires**, no livro *De gorda a plus size: a moda do tamanho grande* (2019), explica que o objetivo por trás do conceito de moda "plus size" era aumentar as vendas, sim, mas nunca teve a ver com o fim da gordofobia. No lugar de atender aos desejos de consumo de corpos gordos – que representam uma fatia considerável do mercado –, as roupas "plus size" se tornaram um tipo de "julgamento moral", que, rapidamente se converteu em estigma, ao determinar como esses corpos devem se vestir. Ao mesmo tempo, a tal moda "plus size" criou uma barreira entre os corpos gordos e determinadas peças fora do nicho "plus size", como biquínis, *croppeds* ou minissaias. Por fim, a própria constituição de um "nicho" encareceu as roupas e limitou a variedade de cortes e tecidos.

Corpos gordos querem ser vistos, querem se sentir bonitos. A forma como nos vestimos é a forma como nos mostramos ao mundo, é o nosso cartão de visitas, certo? Acho uma grande perda de tempo e de dinheiro por parte dos empreendedores de moda no Brasil não investir em uma moda plural. Além de ser um grande aditivo econômico, é também um meio fundamental para impedir que a baixa autoestima de pessoas gordas se transforme em problemas de saúde mental graves, que impactam o rendimento dessas pessoas em um mercado de consumo. Corpos gordos querem comprar roupas da moda. Moda... e pronto!

Entendo que já avançamos bastante. Como disse antes, há inúmeros exemplos de pessoas em quem podemos nos inspirar enquanto corpos fora do padrão. Porém, não acho que as redes sociais consigam dar conta da totalidade dos assuntos. Não adianta ter milhares de seguidores e não refletir com cuidado a respeito do que a sua imagem pública projeta nas pessoas. A influência está diretamente ligada à responsabilidade social.

Por outro lado, a diversidade não pode ficar restrita a um perfil na internet.

A diversidade precisa existir no cotidiano da moda. E digo mais: ela não pode estar restrita a uma cota para se encaixar minimamente em

um movimento. Em campanhas de publicidade, em eventos de lançamentos de produtos ou em fotografias de modas, corpos dissidentes não deveriam aparecer exclusivamente no lugar do exótico, da diferença, do extraordinário. Já estive presente em desfiles de moda em que as marcas apresentavam modelos gordas, porém, ao chegar no varejo, as peças simplesmente não existiam! O produto ("plus size", lembra?) era só um tipo de marketing para a marca e só existiu no desfile.

A mudança precisa acontecer para além das redes sociais. Ela precisa acontecer de dentro para fora, a partir de uma virada estrutural na mentalidade das pessoas. A mudança pela diversidade precisa acontecer dentro dos escritórios, no âmbito executivo e das decisões empresariais. Empresas de moda precisam criar produtos que podem ser usados por pessoas comuns de todos os tamanhos, no dia a dia, como uma forma de se apresentar em uma entrevista de emprego ou em um evento social.

Uma das minhas maiores dificuldades, enquanto influenciadora digital do mercado da moda, é contratar *stylists* que queiram fazer campanhas comigo. E o motivo é que não há um bom número de profissionais acostumados a vestir corpos gordos. Morando em São Paulo, e sendo uma empresária de sucesso, admito que tenho acesso e conhecimento suficiente para eleger a roupa que eu quiser vestir, inclusive realizando encomendas em estilistas de que gosto, mesmo que sinta estar sempre propondo um novo desafio a pessoas com carreiras já estabilizadas nesse mercado. Mas, imagina, uma mulher trabalhadora no interior do Brasil que, com seu corpo gordo, quer usar uma roupa nova e bonita para ir a um primeiro encontro amoroso? A dificuldade deve ser enorme!

Justamente por isso, entendo que tenho um papel enquanto influenciadora de moda. Uso meu acesso, minha voz e meu protagonismo para abordar esses problemas. E afirmo com toda a convicção: a diversidade na moda é atravessada por diversos assuntos de muita importância. Estamos falando de autoestima, de empoderamento, de liberdade.

Em 2023, em parceria com Carol Veras e execução da Holding Clube, criei o **B.O.D.Y.**, evento anual para discutir empreendedorismo feminino, autoamor, corpo livre, autocuidado e liberdade financeira. São convidadas influenciadoras digitais, artistas, escritoras e outras celebridades cujos corpos existem para nos lembrar

B . O . D . Y .
Body Open Define You

de que a diversidade é potente e pode ocupar todos os lugares com excelência. O objetivo das conversas que me proponho a mediar no **B.O.D.Y**. é a busca por bem-estar e autoaceitação. Além das convidadas, contamos com marcas inspiradoras que vêm investindo em moda plural, beleza acessível e produtos sustentáveis, tudo voltado para nos cuidarmos e trazermos à tona assuntos ainda pouco explorados.

Quando este livro estiver nas suas mãos, procure o próximo **Evento B.O.D.Y.** e participe. Tenho certeza de que a sua participação vai desafiar o seu olhar sobre si mesma.

Mulheres que se sentem inferiorizadas por sua aparência estão mais sujeitas a aceitarem relações abusivas com seus companheiros ou relações tóxicas no ambiente de trabalho. Acabam aceitando o mínimo por se sentirem inferiores e incapazes de alcançar lugares mais altos.

Ter liberdade para se vestir da forma como quiser é uma mudança de comportamento, e faz parte do meu propósito de vida impulsionar essa transformação.

Você é o que você vê na *timeline* de sua rede social favorita!

Esse(a) influenciador(a) me empodera ou me desmotiva com as imagens que posta?

Esse perfil me incentiva a melhorar a relação comigo mesma?

Esse(a) influenciador(a) veicula imagens de corpos fora de um padrão restrito de beleza?

Se a resposta para alguma dessas questões for "não", repense o seu engajamento.

Ninguém é como você: sua autoestima é seu melhor acessório.

CAPÍTULO 4

Liberdade financeira como garantia de liberdade

Ainda se fala muito pouco sobre o dinheiro das mulheres. Claro que existe uma quantidade enorme de excelentes economistas, jornalistas, investidoras ou empreendedoras, reconhecidas por suas habilidades financeiras, e que eventualmente falam sobre o tema na televisão ou em algum podcast. Mas me refiro às mulheres de uma maneira mais geral: em que medida a vida financeira das mulheres importa?

Mesmo com todos os avanços, até hoje convivemos com ideias preestabelecidas sobre nossa vida profissional e sobre dinheiro. As mulheres entraram no mercado de trabalho muito depois dos homens. Aqui no Brasil, essa inserção só se deu a partir de 1930, quando a indústria nacional cresceu e abriu uma quantidade maior de postos de trabalho do que só a mão de obra masculina poderia ocupar. Antes, a garantia de sobrevivência para uma mulher estava em um bom casamento. O dinheiro que vinha do pai passava a vir do marido, mantendo um ciclo de dependência. Hoje, mesmo depois de conquistar o próprio salário, seguimos lidando com a diferença salarial entre os gêneros, como falamos no **capítulo 1**, uma realidade ainda bastante comum.

Por outro lado, supostas características da personalidade das mulheres – como serem mais emotivas, sensíveis e, portanto, ingênuas – as impediriam de manter o controle sobre o próprio dinheiro. Digo "supostas" porque, primeiramente, não acredito que todas as mulheres sejam iguais. A experiência social imprime características específicas a cada vivência.

Depois, a ideia preconcebida, ou, melhor dizendo, preconceito mesmo, de acreditar que mulheres seriam ingênuas por demonstrarem seus sentimentos fez com que mais mulheres buscassem o autoconhecimento e desenvolvessem habilidades de inteligência emocional, o que acabou se convertendo em fortes pilares de sustentação para os momentos de crise.

✦ Não existe liberdade para as mulheres sem liberdade financeira.

Nós, mulheres, somos as únicas pessoas que se importarão com o nosso dinheiro. Somos nós mesmas que teremos de ir atrás do conhecimento sobre educação financeira, ler sobre investimentos, organizar o próprio futuro com responsabilidade. Nosso dinheiro importa muito! É fundamental que a gente saiba o que fazer com ele. Meu desejo é que o dinheiro para você não seja uma fonte de medo, mas uma via para a libertação.

A consciência sobre o dinheiro veio em um momento muito negativo de minha vida. Foi quando meu pai faleceu que entendi, pela primeira vez, o que era perder tudo: o cabeça da família, a condição financeira e social, o padrão de vida que conhecia até então.

Minha mãe, à época com 42 anos, não havia sido preparada para ser uma mulher livre. De repente, ela se viu sozinha com dois filhos para criar e sem as ferramentas necessárias para gerir o limitado seguro de vida que meu pai tinha nos deixado. Em pouco tempo, o dinheiro acabou. Viramos cacos, perdemos o equilíbrio.

Foi assim que tive minha adolescência atravessada pela obrigação de ajudar a minha família. Aos 16 anos, comecei a trabalhar para ajudar minha mãe e meu irmão, mas, também, para ter liberdade financeira.

Naquela época, eu achava que bastaria trabalhar muito para ganhar muito dinheiro. E que bastaria isso para mudar a minha vida. Mas logo descobri que, se não aprendesse a gerir meu dinheiro, não saberia utilizá-lo para nada! Foram muitos anos vivendo com esse comportamento, o de não se importar com a própria vida financeira, até chegar ao ponto de "tomar as rédeas": conhecer e controlar tudo sobre o dinheiro.

Evite delegar o dinheiro a outras pessoas, não se abstenha de estudar e se atualizar sobre o mercado financeiro. Isso é fundamental! Você pode começar a "tomar as rédeas" abrindo uma planilha de Excel ou usar papel e caneta para anotar tudo sobre a sua vida financeira: organizar ganhos, gastos, custos extras, fazer planos de médio e longo prazo, economizar e investir. Realizar seus sonhos por meio do planejamento e da organização.

A educação financeira é a base da mudança. É por meio dela que mais mulheres se tornarão empreendedoras, e precisamos de inteligência feminina impulsionando sonhos e produzindo inovações que podem beneficiar a todas. É verdade que entre o sonho e a realidade existe um *gap* imenso. Mas acredito que, com conhecimento e organização, os sonhos se tornam mais próximos da realidade, de uma maneira assentada, cuidadosa e estratégica.

Quando você começar a se importar com o seu dinheiro a ponto de dominá-lo, vai perceber um monte de coisas que não sabia sobre si mesma. Dinheiro é energia, e aprender a usá-lo a nosso favor vai nos permitir abrir caminhos para o empoderamento e a liberdade financeira de outras mulheres, a quem iremos inspirar.

Só comecei a me sentir livre financeiramente aos 38 anos. Já ganhava bons salários havia algum tempo, mas focava muito mais o externo do que o interno. Vou explicar melhor a seguir.

Por dez anos, trabalhei no mercado de luxo. Não sabia distinguir o que fazia parte apenas de meu universo de trabalho e o que eu poderia levar daquilo para a minha vida pessoal. Então, eu ganhava muito dinheiro, mas gastava tudo em bolsas, sapatos e joias. O que eu queria era ser vista como uma igual pelas pessoas do mercado. Queria pertencer. Quando passei a trabalhar em uma empresa de cenografia, meu salário aumentou quatro vezes. Eu passei a ganhar muito mais dinheiro e, mesmo assim, gastava tudo. Entrei em um círculo vicioso: estava sempre sem dinheiro no final do mês, não conseguia guardar nada, estava sempre endividada. Foi um período difícil e que poderia ter sido evitado se eu soubesse que precisava me importar com o meu dinheiro e aprender a geri-lo.

Tive meu segundo burnout nesse contexto. Além de toda essa questão com o dinheiro, a verdade é que eu trabalhava muito! Eu queria que as pessoas me respeitassem. Queria entrar em uma sala de reuniões e sentir que falava de igual para igual com pessoas de corpos padrão. A única forma que encontrei para fazer isso foi me tornar a melhor no que fazia. Essa foi a minha meta por muitos anos.

E, para isso, eu trabalhava excessivamente. Na minha cabeça, sendo uma mulher gorda, fora dos padrões, eu precisaria entregar cinco vezes mais! Eu teria que ser a pessoa da máxima confiança dos chefes! Eu olhava o tempo todo para o externo, mas esquecia de olhar para dentro de mim.

Por quarenta e três dias, fiquei afastada de minhas atividades. Não tinha dinheiro guardado. Não tinha perspectiva alguma de voltar a trabalhar. Não fazia a menor ideia de como me reerguer. Me vi sem alternativas. Eu precisava mudar a rota de minha vida. Precisava fazer outras escolhas e desconstruir o padrão, me tornando uma mulher livre de verdade.

Fui reorganizando a minha vida financeira aos poucos, recuperando o controle e a consciência. Nesse processo, entendi que era possível ser dona de meu destino e me tornei uma mulher mais focada nesse objetivo.

Meu primeiro passo foi organizar uma planilha. Entendi logo de cara que eu gerava muito dinheiro, mas vinha pouco para as minhas mãos. Decidi que não trabalharia mais para outras

pessoas, nem permitiria que meu nome e meus contatos fossem usados para promover outras marcas e empresas, que não as minhas.

Hoje em dia, ajudo muita gente com o que ganho e produzo, mas preciso dizer a você que um dos maiores retornos é a paz de dormir sabendo que eu e minha família estamos seguros. Isso só foi possível porque eu decidi me voltar ao meu interior, olhar para dentro e me tornar a pessoa que mais se importa com meu dinheiro.

Por muito tempo, tive medo. Lembro de olhar para a vida que minha tia Monique levava e sonhar em ser como ela. As mulheres de minha vida sempre acreditaram que eu conseguiria. Minha vó, minha mãe, minha tia e minha madrinha. Eu não queria decepcioná-las, mas era difícil ir contra a ideia que eu tinha de mim mesma.

Um dos meus apelidos da adolescência foi "Ju Bola". A princípio, uma brincadeira entre colegas, mas o apelido pegou e se tornou mais uma das microagressões que sofri ao longo da vida por não ter um corpo padrão. Até hoje, chego em Salvador e tem gente que se refere a mim pelo apelido. Como esquecer que fui a "Ju Bola"? Como não odiar o meu corpo?

A forma que encontrei para me libertar foi o trabalho. E essa escolha havia me adoecido por duas vezes em um burnout. Decidi que meu corpo, que até então eu via como uma barreira entre mim e meus sonhos, se tornaria uma forma de expressão, uma ocupação, um ativismo. Passei a falar das questões que haviam surgido para mim enquanto mulher gorda e empresária, e me tornei uma das principais representantes do movimento Corpo Livre.

Hoje, entendo a minha responsabilidade e me mantenho fiel aos valores que compartilho em minhas redes sociais. Sempre penso em uma menina hipotética de 12 anos, no interior da Bahia, vendo o que eu faço e o que eu falo. A gente talvez nunca se encontre pessoalmente, mas se ela entender como foi possível para mim, pode entender que será possível para ela, também. Não quero que minha influência se restrinja a alguns *posts* de Instagram. Quero influenciar as pessoas na vida real.

Por isso, preciso que você entenda: a empresa em que você trabalha não resume quem você é ou as suas capacidades. Assim como o seu negócio, a sua pessoa jurídica, não é tudo o que você tem. Você é a soma de todas as experiências que viveu, dentro e fora do ambiente corporativo. Não permita que a falta de organização financeira impeça o seu potencial de se manifestar por inteiro.

Virei mãe de Matheus aos 23 anos e não tinha dinheiro suficiente para dar conta de minha própria vida e da vida de meu filho. Todo o dinheiro que eu ganhava ia para o salário da babá ou para a alimentação de Matheus, apenas o leite e o pão. Minha mãe foi diversas vezes levar uma feira ou uma compra de supermercado na porta de minha casa, porque eu não tinha condições de fazer nada muito além do básico. Foi daí que veio a coragem para dar o *start* na nova vida que eu sabia ser possível, mas não havia conquistado ainda. A coragem vem muito da necessidade.

O caminho da liberdade financeira, porém, pode ser um caminho difícil e até mesmo solitário. A metáfora que gosto de usar para representar esse caminho é a de uma estrada muito longa e com trechos pouco iluminados, alguns buracos e muitas pedras. O importante é não parar de andar.

Você vai precisar de dedicação e de um pouco de obsessão, também. Só nós mesmas vamos nos preocupar com nosso próprio dinheiro, lembra? Além da dedicação, é preciso se agarrar naquilo que acreditamos e, sobretudo, acreditarmos em nós mesmas e no potencial de mudança de nossas características mais singulares.

Mas, para acreditar em si mesma, é preciso que você saiba quem é. No caminho, você vai topar com pessoas opinando sobre suas escolhas de vida, rotulando o seu estilo, o seu corpo, as suas roupas, dizendo que você deveria fazer isso ou aquilo, e até definindo quem você é. Infelizmente, haverá mais pessoas dizendo que você não é capaz do que dispostas a acreditar com você. O que realmente vai definir o seu sucesso é o autoconhecimento, é saber a força que existe em seu interior. É reconhecer o seu potencial de decisão, é se autoafirmar. A força, na verdade, não virá do externo, mas de dentro.

✦ A força da qual você precisa já existe dentro de você!

Só conseguimos construir a autoconfiança necessária a partir do autoconhecimento. É preciso demarcar os pontos positivos, elevar as nossas qualidades, aprimorar os nossos *skills* e, sobretudo, as nossas vontades e verdades. Tendo consciência de quem somos, estaremos preparadas para pedir ajuda quando não soubermos o que fazer, ou poderemos nos cercar de pessoas que compensem as nossas falhas ou a nossa falta de capacidade para realizar determinadas etapas.

Depois de iniciar meu processo de autoconhecimento, que incluiu, antes de tudo, a organização de uma planilha, entendi que poderia explorar melhor uma de minhas principais qualidades: **eu gosto de gente!** Muito se fala no âmbito do empreendedorismo da importância do *networking*. Mas quero ir além. Você precisa buscar construir vínculos reais com as pessoas. Não apenas tratá-las como um contato profissional que você vai acionar quando estiver precisando de alguma coisa. As relações estritamente jurídicas são passageiras.

Posso dizer que 80% do trabalho para chegar aonde cheguei tiveram a ver com *networking*. A prática foram os outros 20%. Com o passar dos anos, ao me tornar uma grande empresária, essa conta foi se alterando. Neste momento, o meu instinto precisa de suporte, de dados, de técnicas para eu continuar avançando.

Mas a verdade é que, para começar, o *networking* foi fundamental. E eu gosto mesmo de me relacionar com gente. A cada nova relação que consigo conquistar e aprofundar, eu aprendo um pouco mais, inclusive sobre mim.

✦ O *networking* é uma grande rede de apoio.

Procure se aproximar de pessoas com quem você possa trocar anseios, medos, pensamentos e conhecimentos. E, mesmo quando falamos do mundo corporativo, reafirmo que sou muito, muito fã das relações verdadeiras e humanizadas por propósito, por causas em comum, por afinidades. Jamais ignore as pessoas a seu redor e saiba utilizar todo o potencial de um bom *networking* a seu favor.

Até hoje, presto muita atenção em com quem me relaciono e tento dar o melhor de mim para aprofundar o vínculo com as pessoas. Escolho as pessoas com quem irei me relacionar. É fundamental compreender que não nos resumimos à pessoa jurídica. Somos pessoas físicas! Ou, apenas, pessoas.

Em termos de valores, é importante sermos seletivas. O tempo de recolhimento e autocuidado que você dedicar a si mesma vai ajudá-la a jamais esquecer quem você é, independentemente dos cargos, dos salários e até do *networking*. E mais: você pode ficar surpresa com as pessoas que vão lhe dar a mão nos momentos mais difíceis. O vínculo real não se baseia estritamente em relações de negócios.

Nesse sentido, um dos valores que considero mais caros é a humildade. Pratico o exercício de ser uma pessoa humilde o tempo todo. Nem sempre consigo, é verdade. Mas mantenho a humildade no meu horizonte. No dia em que eu me considerar superior a alguém só porque conquistei uma posição ou cheguei a algum lugar, acabou. Parei de aprender, não tem mais novidade, ensinamento, descoberta. Ser humilde é estar aberta a ouvir e aprender com pessoas de qualquer nível social ou cargo. Seguir na vida como eternas estudantes é o pilar que vai nos manter evoluindo.

A humildade é importante para admitir que não sabemos tudo, para ouvir os outros com empatia, para cair e levantar, várias vezes. O autoconhecimento vem necessariamente acompanhado do acréscimo da humildade. Quando olhamos para dentro, percebemos as nossas vulnerabilidades. É verdade que a gente aprende bastante errando. Mas, talvez, a humildade nos conduza por uma parte iluminada do caminho, onde vamos enxergar as pedras antes de tropeçar, com a ajuda de pessoas que passaram antes por ali.

Já contei a você que tinha uma dificuldade imensa de gerir a minha vida financeira. Eu não gostava de fazer isso e me sentia incapaz também; assim, eu delegava essa função a outras pessoas. No dia em que entendi que precisaria me tornar a gestora de minha própria vida, percebi que iria partir de todos os erros financeiros que havia cometido até então. Mas, conforme me envolvia cada vez mais com meu próprio dinheiro, eu me sentia mais forte e percebia a minha potência. Queria avançar até a minha liberdade financeira e me dei conta de que não conseguiria fazer isso sozinha: eu precisava de ajuda. Fui buscar conhecimento junto a pessoas mais experientes do que eu e comecei a ler sobre educação financeira. Aos poucos, aprendi a guardar dinheiro, a controlar os meus gastos, a investir e a fazer o dinheiro trabalhar por mim.

Invista no conhecimento, se entregue à ideia de liberdade financeira. Ela só vai existir no momento em que você enfrentar os seus medos, quebrar os seus muros. Nós, mulheres, não fomos criadas para sermos livres financeiramente. E isso nos gerou uma "fobia financeira", que é como está sendo chamada a ojeriza a qualquer assunto relacionado a dinheiro.

> Com certeza você conhece alguma mulher que delegou a responsabilidade pelo dinheiro ao marido ou ao pai, por exemplo. As mulheres brasileiras conquistaram o direito de ter um CPF, e, assim, uma conta bancária, só na década de 1960. O Código Civil de 1916 proibia a abertura de contas e estabelecimentos comerciais a qualquer mulher casada. A atitude de delegar o dinheiro a familiares, quase sempre homens, é histórica e está associada a um comportamento pautado na dependência.

Para sermos livres, precisamos entender de educação financeira e falar sobre isso. Aprender a controlar o conhecimento sobre o seu dinheiro é uma preparação para a arena mais emocionante da vida, a da realização de seus sonhos. Firmadas no autoconhecimento, com coragem, autoconfiança, dedicação e humildade, vamos expandir os nossos espaços, sem os limites impostos pela escassez. Seremos prósperas!

Mas o que, afinal, é ter uma vida próspera? Como ser uma mulher bem-sucedida? Se você esperava que eu fosse ensinar fórmulas ou truques para enriquecer financeiramente, perdeu a viagem. Para mim, uma vida bem-sucedida se traduz em paz de espírito. É estar próximo de quem a gente ama e cuidar dos nossos. Prover segurança, conforto, acolhimento e amor. Valorizar os momentos simples. Estar presente.

Passamos boa parte da vida correndo para alcançar o futuro. Nossos olhos não estão no hoje, mas no amanhã, tão sonhado. Nesse processo, esquecemos de valorizar uma boa conversa, um *eu te amo*, um café com bolo no final da tarde com a amiga que não víamos há algum tempo.

Já pensei que ter uma vida bem-sucedida era ter muitas coisas. Hoje, só quero deitar a cabeça no travesseiro e ter a certeza de que estou em dia comigo mesma. E isso não é uma demagogia, é verdadeiramente o único compromisso que tenho comigo.

Por fim, a vida não se resume aos milhões que você tem ou terá na sua conta. Alguns propósitos da vida são ajudar outras pessoas, promover oportunidades de emprego, de protagonismo, de voz. Em qualquer lugar em que tenhamos relevância, puxar as outras conosco. Sobretudo, celebrar as nossas conquistas e as de outras mulheres, sempre.

Esta é uma atividade para quem ainda não começou o seu controle financeiro. Caso você já tenha uma planilha eficiente ou qualquer outro tipo de controle — do caderninho ao aplicativo — avance para o próximo capítulo.

Convido você a organizar os gastos da última semana ou, ainda, do último mês. A boa e velha planilha do Excel talvez seja o meio mais simples e acessível, mas você pode escolher a forma como quer fazer. Comece o seu controle financeiro da forma mais confortável para você.

O importante é que ele contenha os seguintes campos:

Entradas de receita: de onde vem o seu dinheiro? (exemplo: salário, freelas, investimentos etc.).

Saídas de receita: com o que você gasta? Aqui, é importante elencar custos fixos e variáveis (exemplo de custo fixo: aluguel, conta de água e luz, escola das crianças etc.). Neste ponto, o autocontrole é ativado. **Lembre-se: não gaste mais do que você ganha.** Caso identifique esse comportamento, dê meia-volta e refaça o seu planejamento.

Categorias: divida as suas saídas de acordo com o tipo de transação (exemplo: alimentação, transporte, lazer, educação etc.) e calcule o total gasto por período em cada categoria. Isso vai ajudá-la a entender em quais áreas da sua vida o gasto está descontrolado ou em quais é possível investir mais.

Dívidas: organize todas as suas dívidas de acordo com o nome do credor, o valor em débito, a data de vencimento e os pagamentos já realizados. Encare de frente o problema e tome consciência. **Esteja no controle**. Você vai perceber que a resolução das dívidas será mais simples e rápida do que você pensa!

Poupança e investimentos: guardar dinheiro é o passo seguinte à organização financeira, mas, desde o início, procure manter esse campo no seu planejamento, como uma meta, um horizonte. Assim que conseguir guardar, descreva os seus objetivos a curto, médio e longo prazo e verifique periodicamente o rendimento. Você pode estar deixando de ganhar por escolher a forma de investimento incorreta.

Aproveite o momento de construção desse controle para se autoconhecer. Faça desta atividade um momento de autocuidado e autoamor. Seja a protagonista de sua vida financeira!

A sua liberdade vale ouro.

CAPÍTULO 5

O mindset da prosperidade

A história de minha vida me trouxe um sonho: ser uma mulher rica. Vivi momentos de profunda escassez após a morte de meu pai. Lembro de minha mãe triste em um de meus aniversários por não ter dinheiro para fazer sequer um jantar. Já havia experimentado a prosperidade, e perdê-la de repente me tornou uma mulher obcecada por conquistar a minha liberdade financeira. Precisava ajudar minha mãe e meu irmão, e a ânsia por essa liberdade só aumentou quando, anos mais tarde, fiquei grávida.

Quando comecei novamente a ganhar dinheiro, passei por um processo profundo para aprender a geri-lo. Trabalhava muito, tive dois burnouts, mas o final do mês era sempre no negativo. Eu tinha medo do dinheiro, e isso me impedia de aprender a administrá-lo. Foi quando entendi que precisava quebrar o padrão e desconstruir todas as ideias que até então haviam sido plantadas em mim a respeito da prosperidade.

Nesse momento, busquei me conectar comigo mesma e passei a olhar para o meu corpo de outra forma. A atuação de meu corpo no mundo corporativo poderia render muita conversa. Queria compartilhar com outras mulheres as dificuldades que enfrentei e as estratégias que criei para me tornar uma mulher bem-sucedida, remando contra a maré.

Como influenciadora digital, passei a gerar uma segunda renda, que, associada à renda de meu trabalho corporativo, me permitiu alcançar lugares que nunca havia imaginado. Hoje, coloco meu corpo no mundo – o corporativo e o das redes sociais – sem medo de julgamentos. Inspiro outras mulheres com muita responsabilidade, enquanto sigo me conhecendo e melhorando a relação comigo mesma.

Siga meus perfis no Instagram e acompanhe um pouco mais de meu papel social enquanto influenciadora digital:

Ter dinheiro me trouxe a liberdade para fazer o que eu quiser de minha vida. Não sou obrigada a permanecer em lugares onde não me sinta confortável. Escolho meu destino, tenho margem de manobra para não me submeter mais a comportamentos abusivos. Mas não foi de uma hora para outra que aceitei ter um montante significativo na conta. Assim que comecei a ter dinheiro, comecei também a me sentir culpada.

Culpada pelas pessoas com menos dinheiro do que eu, culpada por gastar dinheiro, culpada por ser uma mulher rica. Era difícil aceitar que eu tinha vencido. A imagem de minha infância na Bahia não se alinhava à da mulher que havia me tornado.

Após um ano de terapia, iniciei a construção de uma nova mentalidade. Abandonar o estilo de vida apegado à escassez passa por se aceitar como alguém que merece colher os melhores frutos de seu trabalho. Não é fácil alterar um mindset identificado com a carência e se conectar a uma realidade na qual os seus sonhos são possíveis.

> **Brené Brown**, no livro *A coragem de ser imperfeito* (2016), defende que a escassez vem da crença de que nunca somos suficientes, a qual se baseia em três pilares: vergonha, comparação e desespero. Nunca nos sentimos boas o bastante, então, medimos o nosso valor pessoal com outras pessoas e dobramos a falta de esperança ao nos percebermos ainda mais inadequadas.

A ausência de autoconfiança faz as pessoas pensarem que jamais podem enriquecer. E isso as afasta do conhecimento sobre educação financeira. As mulheres, em especial, têm dificuldade de acreditar que podem ser o que quiserem.

Não pode ser aceitável passar o mês inteiro se matando para sobreviver, o dinheiro não ficar nem dois dias na conta, porque há muitos boletos e compromissos, e nada sobrar. Desse jeito, não é o dinheiro que trabalha por você, mas você que trabalha pelo dinheiro.

Previamente, eu disse que o dinheiro é energia que, primeiro precisa ser compartilhada, para, depois, atrair mais dinheiro. Quando tratado com respeito e cuidado, o dinheiro floresce de um lugar muito bonito. Para mim, o dinheiro só floresceu quando entendi o que poderia fazer com ele de uma maneira colaborativa.

A ideia de que dinheiro é energia é abordada por vários autores:

T. Harv Eker – no livro *Os segredos da mente milionária (2006),* Eker fala que o dinheiro flui para onde a atenção e a intenção estão focadas. O autor defende que a mentalidade e as crenças que temos sobre o dinheiro influenciam diretamente a nossa capacidade de atrair riqueza.

Deepak Chopra – em *As sete leis espirituais do sucesso (2020),* Chopra aborda o dinheiro como parte do fluxo de energia universal, e sugere que a abundância financeira é alcançada quando nos encontramos em harmonia com as leis da natureza, incluindo a lei da doação e da recepção.

Napoleon Hill – em *Pense e enriqueça (2020),* Hill explora como o pensamento positivo, a fé e a intenção são forças que atraem riqueza.

Lynne Twist – no livro *The soul of money (2017),* Twist afirma que o dinheiro, enquanto energia, pode ser usado para o bem ou para o mal, dependendo de nossa relação com ele. Assim, devemos alinhar a relação com o dinheiro aos nossos valores mais profundos.

Joe Vitale – uma das principais vozes da Lei da Atração, Vitale afirma que o dinheiro pode ser atraído ou repelido dependendo de nossa vibração emocional e mental.

> **Esther e Jerry Hicks** – em *Peça e será atendido (2016)*, os Hicks descrevem o dinheiro como algo que pode ser manifestado por meio de pensamentos e emoções alinhados com a abundância.

A seguir, apresento algumas das estratégias que utilizei para me tornar uma mulher verdadeiramente próspera. Ao final deste capítulo, espero que você entenda que o dinheiro é o fim, não o meio. Prosperidade é muito mais do que dinheiro, é estilo de vida.

1. Peça ajuda e dedique um tempo para aprender

Logo de cara, fiz dois cursos com consultoras financeiras que me ensinaram como eu deveria administrar meu dinheiro mensalmente. Nessa época, eu estava completamente quebrada. Ao mesmo tempo, tão desconectada de meu dinheiro, que nem sabia entrar no aplicativo do banco para fazer um pagamento.

Aprender sobre educação financeira é fundamental para quebrar os padrões que historicamente associaram mulheres à escassez. Mulheres que sabem gerir o próprio dinheiro impactam de maneira coletiva e muito significativa outras mulheres, e principalmente as meninas. É importante que a nova geração conviva com mulheres empoderadas e independentes financeiramente, e, assim, entenda desde cedo a importância do dinheiro para a própria liberdade.

2. Se organize

Hoje, me tornei a pessoa que vai à padaria comprar pão, volta para casa e anota na planilha: *Padaria 30 reais*. E sei que teria alcançado os meus objetivos com mais facilidade se tivesse me organizado antes. Não teria entrado no cheque especial. Não teria comprado coisas caras para além de minha capacidade só para pertencer a lugares.

Aprendi a gostar de entender com o que gasto meu dinheiro. O início foi nebuloso, porque não é simples enfrentar o fantasma do extrato bancário ou da fatura do cartão. Mas uma boa organização vai permitir que você faça a análise da forma como lida com o próprio dinheiro, e, quando menos perceber, você vai ter dado um passo muito importante na sua jornada de autoconhecimento.

Sim! Conhecer os seus padrões na vida financeira exige olhar para dentro de si e identificar que características se repetem, as dificuldades que estão atrapalhando a sua evolução e os padrões tóxicos de suas escolhas. Já aviso que pode ser assustador, é de fato enfrentar um fantasma, mas a recompensa de tomar as rédeas de sua vida vai fazer tudo valer a pena.

3. Fuja das crenças limitantes

A crença limitante aparece na nossa cabeça quase como uma certeza. *O dinheiro é a raiz de todos os males*, por exemplo. Ela vem da nossa criação, do bullying que sofremos na escola, dos preconceitos ou das imposições da sociedade, ou, ainda, de alguma experiência do passado que possa ter nos marcado de maneira negativa. O medo de fracassar, a baixa autoestima ou mesmo a ideia de que não merecemos certas coisas, ou que nunca vamos conseguir chegar a algum lugar, são crenças limitantes, que nos impedem de crescer tanto na vida profissional quanto na pessoal.

Passei fome nos meus primeiros meses morando em São Paulo. Lembro de abrir o armário da cozinha e encontrar só um vidro de palmito, e aquela era a minha refeição nos dias de inverno. Mesmo assim, eu segui acreditando no futuro próspero que eu teria pela frente.

A autora de *Você pode curar sua vida* (2018), Louise Hay, afirma que, por meio da consciência de nossas crenças limitantes, podemos curar não apenas as nossas emoções, mas o nosso corpo. Ressentimentos, mágoas e pensamentos negativos tendem a acabar se manifestando inclusive na forma de doenças físicas.

Nesse sentido, é fundamental reprogramar a nossa mente para que nossos pensamentos sejam cada vez mais saudáveis e construtivos. Afirmações positivas, como "Eu me amo e me aceito como sou" devem ser repetidas até serem apreendidas, permitindo que nossa mente se mantenha atenta a qualquer ideia contrária. O perdão, tanto de nós mesmas quanto de outras pessoas, é fundamental nesse processo, uma vez que os ressentimentos nos levam de volta a um lugar obscuro e limitado, impedindo a evolução emocional.

Por fim, Louise Hay nos chama a ter responsabilidade por nossa própria vida e nossos problemas. Não é se culpar pelo que deu errado, mas admitir que temos o poder de mudar os nossos pensamentos e, com isso, nossas experiências práticas. Pensamentos positivos atraem mudanças positivas.

Vamos praticar?

**Eu sou capaz e mereço todas as coisas boas da vida.
Eu me aceito e confio na minha capacidade.
Cada passo que dou me aproxima da prosperidade.
Eu aprendo e cresço com meus erros.
O dinheiro flui para mim de maneira abundante.
Eu mereço a prosperidade.
Eu sou digna de amor e atraio relacionamentos saudáveis.**

Quando você permite que uma crença limitante ocupe lugar no seu pensamento, fica difícil ter a certeza da melhor decisão a tomar, afinal, você não consegue acreditar plenamente em si mesma. Reconhecer esses pensamentos é um passo fundamental para lutar contra a autossabotagem e a falta de motivação.

Por fim, não basta apenas reconhecer e evitar as crenças limitantes, mas é importante substituí-las por pensamentos de autoafirmação e autoconfiança. E, para isso, voltamos à primeira estratégia: peça ajuda. Práticas de reestruturação cognitiva, mindfulness, terapia ou uma boa conversa com a melhor amiga que enxerga você com um olhar pleno de amor – tudo isso pode direcionar os seus pensamentos e as suas crenças para um mindset de prosperidade.

4. Planeje o futuro

Tão importante quanto se aceitar merecedora da prosperidade é *saber* ter dinheiro na conta. Fico impressionada como o dinheiro provoca medo nas pessoas e se tornou um tabu maior do que o sexo! Mulheres, principalmente, são o alvo da falta de planejamento a longo prazo. Mesmo as que têm uma condição financeira aparentemente estável, ao delegarem o dinheiro aos maridos, não são livres, e podem acabar fazendo inúmeras concessões para manter o padrão de vida.

Percebo que os homens ficam bastante incomodados – ainda – com mulheres que não dependem deles. Mas aí, o problema de se resolver com isso é deles. O nosso é ganhar o próprio dinheiro e, acima de tudo, manter planejamentos a curto, médio e longo prazo. Agora, para planejar o seu futuro, você vai precisar se envolver ativamente com o seu dinheiro.

Os sonhos, em geral, não são proporcionais ao que nos ensinam sobre finanças. Não basta apenas saber matemática, mas entender o que fazer com o dinheiro e quais resultados se quer dele.

Minha estratégia foi ter mais de um plano. O cargo no mercado corporativo é o que paga as minhas contas, mas sou também influenciadora digital. É muito importante que você tenha uma opção para o caso de faltar a renda principal. Isso deve fazer parte de seu planejamento, sempre. Não aposte todas as suas fichas em um cargo na empresa de terceiros. Aposte em você, no seu potencial de realização, e invista tempo para aprender coisas novas que podem resultar em mais dinheiro na sua conta. Seja fiel a você e se comprometa com a sua liberdade financeira, mas também com a sua estabilidade e o seu futuro.

5. Livre-se da culpa

Minha premissa é a de que as mulheres precisam ser donas de suas próprias vidas. Sabemos que a sociedade é ainda muito machista e que mulheres foram historicamente ensinadas a servir as vontades dos homens e cuidar dos filhos e afazeres domésticos. Como evitar a culpa por deixar o lar para buscar uma vida mais digna? Por decidir quebrar o padrão?

Já falei sobre a culpa que sentia ao deixar Matheus com minha mãe para trabalhar. Mesmo assim, corri atrás da independência de minha família e hoje sou a principal responsável pelo sustento de todos.

Nesse sentido, é importante se perguntar a respeito das suas escolhas na vida. O que pesa mais em uma perspectiva de futuro? Não há qualquer problema em escolher ficar em casa e cuidar dos filhos, desde que você esteja plenamente feliz e saiba que a gestão de sua vida financeira não está nas suas mãos.

Toda vez que entro em um avião para me deslocar para algum compromisso ou uma viagem de férias, me sinto perdendo o controle de minha vida. É o único momento em que penso: *Meu deus, não sou eu que estou na direção*! O piloto é competente? Vamos enfrentar turbulências? Não tenho como saber, e isso me deixa angustiada. Confesso a você que adoraria fazer um curso de aviação. Eu mesma na direção de meu próprio avião! Delegar o controle de sua vida a outra pessoa é como entregá-la a um piloto de avião desconhecido. Recomendo fortemente que você não faça isso. Esteja no controle de suas escolhas e de sua vida.

Torne-se responsável, seja a protagonista. Acho curioso quando vejo mulheres dizendo: "Eu quero me tornar uma empreendedora". Mas, venha cá, mulheres não são empreendedoras desde o momento em que chegam a este mundo? Mulheres precisam gerir, cuidar, criar estratégias para a vida privada, para os filhos, para o próprio corpo. Precisam se sobressair na escola, na universidade, no trabalho. É muito enfrentamento e muito desafio, desde o início.

O filão do empreendedorismo já está dentro de você. Você só precisa ocupar este lugar: o de empreendedora de sua própria vida!

6. Compartilhe o dinheiro

A riqueza é relativa, e não pode ser medida pela quantidade de dinheiro que você tem na conta. A verdadeira prosperidade tem a ver com o seu entorno, com as pessoas que você mantém próximas, com a qualidade das relações, com o seu potencial de inspirar e, sobretudo, com o seu legado.

Acredito que uma pessoa próspera se dedica ao conhecimento e à desconstrução de padrões. Ela não se submete ao *status quo* porque tem condições de propor alternativas. Ao mesmo tempo, também pede ajuda, se organiza, não gasta mais do que tem, cumpre o próprio planejamento e desenha estratégias. Todos os dias, o tempo todo.

Educação financeira, a meu ver, deveria ser considerada um direito básico, tal como a educação ou a saúde. Nossa autoestima, nosso lugar no mundo, a velocidade com que alcançamos os nossos objetivos, a nossa motivação. Tudo isso pode ser facilitado pelo controle do próprio dinheiro.

Entendo que seja importante gastar dinheiro consigo mesma, se permitir estar em um lugar de prosperidade e acessar os privilégios que decorrem disso. Mas defendo que a prosperidade seja compartilhada e utilizada para incrementar a coletividade.

Quando você alcançar a sua prosperidade, não se esqueça de todas as pessoas que a ajudaram nessa jornada e, mais importante, não se esqueça das pessoas que estão ao seu redor e ainda não chegaram ao mesmo lugar. Enquanto empresária, meu compromisso é compartilhar os meus ganhos, me envolver em projetos sociais, construir um impacto positivo na minha comunidade. Faço isso de forma pública nas redes sociais. No privado, frequentemente participo de ações coletivas em que posso ajudar outras pessoas por meio de minha prosperidade. E a cada vez que faço isso, sinto a energia do dinheiro retornando para mim na forma de novos ganhos.

✦ A prosperidade precisa ser coletiva, e você só vai acessá-la plenamente quando entender o seu papel na sociedade.

É fundamental fazer o bem para ter o bem na sua vida. Quanto mais você doa, mais você tem. Não faz sentido ganhar dinheiro e só acumular tudo. Quanto de dinheiro você leva consigo ao morrer? Considere o conforto e a segurança de sua família, mas não seja avarenta. A avareza é um sentimento muito mais próximo da escassez do que da prosperidade. Pessoas prósperas sem responsabilidade social não têm nenhuma serventia para o coletivo. Ao contrário, se tornam problemas que necessariamente vão atrasar o desenvolvimento da sociedade, em vez de promover a evolução.

Ao final do **capítulo 3**, convidei você a fazer uma revisão dos perfis que segue nas redes sociais. Seguimos nessa revisão, mas, agora, vamos adicionar influências importantes para reconstruir o seu mindset.

Lembre-se: você é o que você vê na *timeline* da sua rede social favorita

○ Esse(a) influenciador(a) reflete a pessoa que gostaria de me tornar?

○ Esse perfil valoriza aquilo que considero importante para meu autodesenvolvimento?

○ Esse(a) influenciador(a) veicula conteúdos que enriquecem minha visão de mundo e promovem uma consciência mais positiva a respeito de mim mesma?

Se a resposta para alguma dessas questões for "sim", ofereça seu engajamento!

A autoconfiança é um tesouro e vale mais do que dinheiro.

CAPÍTULO 6

Empreendedora da própria vida

Meus principais valores e ensinamentos vieram da família. Foi com eles que aprendi a importância da transparência e da ética. A verdade, por pior que seja, é sempre a melhor escolha. Em alguns momentos, admito que foi precoce a prática de minha família de sempre deixar tudo às claras, para mim e para meu irmão. Contudo, o resultado de saber exatamente o que estava acontecendo me impedia de viver duas vidas, de me manter "no mundo de Bobby". Alguns traumas vieram disso, mas se sobressaiu a premissa de que a melhor coisa é saber, ter consciência.

Na minha família, também, os negócios eram feitos com ética, acima de tudo. Não havia trapaças, omissões ou ilusões. Meu pai tratava a todos da forma como gostaria de ser tratado e, principalmente, respeitava as pessoas na sua individualidade.

✦ A nossa primeira experiência de trabalho coletivo é a família.

Lidando com pessoas que, apesar do sangue em comum, são muito diversas, temos a chance de aprender a unir os esforços das múltiplas forças em prol de um bem maior. É no convívio com a sua família que você vai perceber que não há pessoas iguais a você. Todas são diferentes, trazem uma bagagem prévia única e reagem de forma específica a diferentes situações. Nesse sentido, é a família que nos ensina o quão importante é a diversidade para construir soluções inovadoras, acessar outros olhares e novos caminhos.

Quando iniciei minha carreira no mundo dos negócios, não tinha muitas ferramentas. Eu havia estudado jornalismo, não administração de empresas ou gestão de negócios. Nesses campos, fui autodidata por muitos anos. O que direcionava as minhas conquistas era minha facilidade de ler as pessoas, entender do que elas gostavam e como se comportavam.

É muito comum ouvir de grandes empreendedores a máxima de que precisamos separar a pessoa física da jurídica. Porém, nunca vi muito sentido nisso. Afinal, não somos bipartidos, não existem duas vidas. As esferas da pessoa física e da jurídica coexistem em um mesmo indivíduo. Logo, a maneira como as pessoas se comportam na vida pessoal é uma espécie de espelho, que nos ajuda a compreender como irão se comportar em uma relação profissional.

Seja no ambiente familiar ou no corporativo, as histórias, os anseios e as experiências são os mesmos.

Com a prática, entendi que poderia aprender muito no convívio com pessoas diferentes de mim, também no mercado de trabalho. Ao me aproximar de clientes e colaboradores, jamais tentei mascarar as minhas vulnerabilidades. A transparência, enquanto um valor familiar, surge no momento em que preciso admitir que não sei fazer algo ou encarar que o caminho escolhido não me levará ao sucesso. Com isso, ganhei a confiança das pessoas com quem trabalho. E, por acreditarem em mim – Juliana, pessoa física e jurídica –, os parceiros se tornam mais dispostos a me apoiar, mesmo quando as coisas não saem conforme o planejado.

Toda segunda-feira, às 9 horas, se inicia uma nova jornada de solução de problemas. Sim, enquanto empreendedora, a gente acorda para administrar e resolver problemas. Não adianta se iludir pensando que eles não vão existir. O que vai diferenciar você de outros empreendedores é a maneira como vai lidar com os problemas. É até onde vai permitir que eles impactem a sua vida profissional e pessoal.

Minha premissa para solucionar os problemas de um jeito eficaz é saber quem é a pessoa que está conversando do outro lado da mesa. Humanizar as relações no ambiente corporativo é a chave para criar vínculos verdadeiros com as pessoas e, assim, obter o melhor dessa relação, para você e para o seu negócio. Vamos além de uma simples relação cliente-fornecedor ou chefe-funcionário, e construímos uma relação honesta, sincera e – por que não? – vulnerável.

✦ A honestidade nos protege de promessas irrealizáveis e acordos desvantajosos e nos confere importância.

Pode haver inúmeras pessoas que entregam o mesmo serviço ou produto que você, mas, na hora de escolher o fornecedor, a proximidade que você construiu com seus clientes fará diferença.

Todas essas práticas são cotidianas na minha vivência como empreendedora e, de fato, facilitam bastante as coisas, mas em nenhum momento substituem a técnica e a entrega de qualidade. É importante ser a melhor de seu segmento e garantir que o seu cliente seja atendido em todas as suas expectativas. O que o cliente deseja é receber o produto ou serviço que contratou, sem maiores problemas, com qualidade, agilidade e eficiência. Mesmo assim, as relações profissionais podem ser humanizadas. A conexão que você estabelecer com as pessoas será um diferencial.

Não acredito em relações líquidas. E levo como propósito de vida me aproximar de qualquer pessoa que cruze meu caminho profissional até o ponto de sentir empatia por ela. Faço questão de compreender o outro. Podem ser dois minutos, duas horas ou dois meses de relação, mas, nesse período, quero que essa pessoa se sinta importante. As pessoas estão no centro de todas as relações, inclusive nas relações derivadas do trabalho.

O sociólogo Zygmunt Bauman, em *Modernidade líquida* (2021), falou sobre a fragilidade das relações construídas em nosso tempo. Uma das razões seria o excesso de individualismo, em que as pessoas evitam conexões duradouras e preferem manter vínculos passageiros, se resguardando assim do sofrimento. Bauman estabeleceu, ainda, uma relação entre o consumo de produtos e serviços e o consumo de relacionamentos. Assim como um objeto comprado no supermercado, as relações são vistas como algo que só importa a partir de sua utilidade. Em tempos líquidos, as pessoas se converteram em objetos de consumo.

O ponto inegociável de minha cultura empresarial é construir conexões duradouras. Já tive chefes que se alarmaram com a intimidade com que abordava meus clientes, e desaconselhavam que eu compartilhasse com eles os meus problemas pessoais ou que os encontrasse em um happy hour. Porém, a prova viva de que essa prática funciona é o sucesso que venho conquistando e mantendo ao longo dos anos. Olhar as pessoas nos olhos, compartilhar as vulnerabilidades, rir e chorar com elas, isso é criar uma relação fidelizada.

✦ A conexão emocional será um fator preponderante na hora da contratação.

Foi preciso que eu me tornasse a empreendedora de minha própria vida para me sentir no centro das discussões. Já contei em outro capítulo deste livro sobre as relações tóxicas e abusivas que enfrentei no ambiente de trabalho. Por muitos anos, não tive voz, não encontrava espaço para falar. E, quando tentava me sobressair, recebia gritos e humilhações, e voltava a um lugar de baixa autoestima e irrelevância.

Mesmo com os bons ensinamentos que herdei de minha família, também acabei me tornando uma chefe tóxica. Algumas das minhas referências de sucesso tratavam as pessoas de uma maneira violenta e ignorante, e eu ingenuamente achei que precisava replicar esse comportamento para alcançar os mesmos lugares. Impus uma liderança do medo, na qual a hierarquia era observada com rigor.

Entendi que havia algo de errado quando percebi que conseguiria extrair o melhor de meus funcionários pelo convencimento do encanto, e não do autoritarismo. Meus funcionários precisavam se sentir valorizados, e não com medo de mim. Retornei aos meus tempos de escola, em que eu era popular pelo carinho e pela simpatia com que tratava as pessoas. Naquele tempo, eu não tinha nada a oferecer além de atenção e entrega. Como poderia forjar uma imagem de empreendedora legal e bacana se tratava meus colaboradores como se não existissem? De que modo eu poderia tornar o meu dia a dia profissional mais agradável se não escutava as demandas dos que trabalhavam comigo?

Procuro acolher as pessoas ao meu redor em suas demandas e desejos. Prezo pelo cuidado e pelo amor no trato com funcionários e clientes. A humanização das relações profissionais é parte de meu propósito de vida. Mesmo assim, não abro mão de uma entrega excelente.

Admito que sou obcecada por metas, números e resultados. E isso vale também para a vida pessoal. Vivemos em um sistema capitalista, cheio de falhas e desigualdades, mas não podemos evitar o fato de que estamos imersos no jogo da troca comercial. Os resultados precisam chegar, eles não podem ser desvalorizados. Só vamos conseguir avançar rumo à liberdade financeira se tivermos planejamento, método e foco.

Nesse sentido, tanto uma conexão real quanto a entrega são fundamentais. E aprendi que, mesmo cobrando resultados, posso fazê-lo de maneira a manter as pessoas no centro de tudo. É o *como faço* que me diferencia dos chefes tóxicos que passaram pela minha vida.

Você já deve ter ouvido por aí que só existe uma profissão no mundo: a de vendedor. Sobretudo em tempos de redes sociais, em que profissionais das mais diversas áreas se viram obrigados a produzir conteúdo para seguirem trabalhando, vender se tornou um imperativo que atravessa todas as esferas de nossa vida.

Eu sou uma vendedora. Já vendi página de revista, banner, cenografia, evento, palestra. Mais recentemente, passei a vender também a minha imagem e, justamente por isso, me sinto implicada em todos os efeitos que minha interação nas redes sociais produz nas pessoas. Mesmo jogando o jogo do capitalismo, é possível não esquecer de que estamos lidando com seres humanos.

✦ Se um vendedor bem-sucedido é o que tem bons resultados comerciais, é verdade também que a única forma de se diferenciar é baseando as suas ações nas relações humanas.

Ao encontrar um cliente em potencial, minha primeira ação é buscar conhecê-lo. Sim, o LinkedIn é importante, mas também quero ver o Instagram. Rolando o *feed*, consigo descobrir que a pessoa gosta de cachorros ou prefere o campo à praia, por exemplo. As informações colhidas nas redes sociais podem até parecer banais, mas são o primeiro passo para um mapeamento preliminar: com quem estou lidando?

A partir de então, a negociação se torna um jogo de tênis. O tempo inteiro a bola vai passar de um lado para o outro, e minhas jogadas vão se orientar pelas jogadas de meu oponente. Não há como vencer um jogo de tênis sem conhecer o seu adversário. Por isso, jamais entro em uma sala sem saber com quem estou falando. Fica muito fácil prever os diferentes rumos da conversa e ter sempre uma carta na manga para arrematar o resultado que se esperava.

Não tenho vergonha de dizer que já perdi projetos muito importantes. O orçamento da empresa, muitas vezes, dependia daqueles projetos, mas algo de errado aconteceu com a minha estratégia e eu perdi. No mundo do empreendedorismo, não há planícies nem platôs. Os altos e baixos de um negócio mais se parecem com uma montanha russa descontrolada. O imprevisível escapa até aos melhores planejamentos, lembre-se disso.

Nesses momentos, refiz meus planos e calcei mais uma vez a sandália da humildade. Não sou melhor do que ninguém. E sem meus clientes, não sou nada. Se você se manteve íntegra, ética e transparente com as pessoas, e se permitiu construir relações empáticas, você vai colher os frutos nos momentos difíceis. É menos sobre o "carão" e mais sobre a realidade de suas conexões.

Em 2022, ano em que o Brasil ainda se recuperava do terrível legado da pandemia de covid-19, viralizou o vídeo de **Luiza Helena Trajano**, fundadora da Magalu, em que a empresária anunciava um crédito pré-aprovado para compras parceladas em um "carnêzinho gostoso", com um "descontinho" nos juros. Ao final do vídeo, Luiza dizia: "Vá o mais rápido possível em uma de nossas lojas, por favor". Os jornais noticiavam que as ações do Magazine Luiza haviam despencado, e Luiza foi bastante criticada nas redes sociais. Dos memes às críticas mais violentas, o vídeo se converteu em um símbolo de fraqueza.

Mas a empresária fez o que qualquer um deveria fazer em seu lugar: cuidou de seu negócio e foi à luta por ele. Se todos nós nos tornamos vendedores, Luiza foi uma vendedora nata! Com o vídeo, ela se voltava à essência do comércio, ou seja, o contato mais próximo de seu público com humildade e personalidade.

Ao se mostrar vulnerável, Luiza correu o risco de ter a sua história descartada. Mesmo assim, ela não teve medo. Muito rapidamente, os brasileiros se esqueceram do papel dela no desenvolvimento do país, sobretudo durante a pandemia, e fizeram chacota da CEO que havia se apresentado como vendedora. Logo no ano seguinte, a Magalu voltou a crescer. A atitude humilde de Luiza só reforçou a sua imagem de uma grande mulher empreendedora.

Além disso, deixou claro que qualquer empreendedor no Brasil e no mundo está sujeito a quedas, prejuízos e perdas. Não importa o tamanho de seu negócio. A humildade de lutar por aquilo em que você acredita, independentemente da opinião das pessoas, é o que vai mantê-la firme até que chegue a próxima calmaria.

O que vemos é o endeusamento da imagem de uma empreendedora perfeita. Mas isso não passa de ilusão construída pelo uso irresponsável da influência nas redes sociais. De mim, você não vai receber essa mensagem. Ao contrário, o que apresento aqui é a imagem de uma empreendedora que nem sempre consegue.

Empreender é solitário. Empreender no Brasil, sendo mulher, é solitário duas vezes mais. Já chorei na frente de meu time, já tive vontade de desistir quando um cliente traiu a minha confiança. E até hoje sou interrompida no meio de minha fala em reuniões executivas. Ainda preciso impor o tom ou o volume da minha voz para retomar o que estava dizendo. Mesmo sendo parte de meu propósito, o enfrentamento ao machismo diário, principalmente no meio corporativo, é bastante cansativo. Os homens seguem acreditando que são mais aptos a ocupar os lugares de poder e decisão do que as mulheres.

Meu objetivo é desconstruir a imagem de uma empreendedora perfeita. Não quero que minha jornada faça outras mulheres se sentirem inferiores ou menos capazes, acreditando em uma imagem falsa. Os problemas para as mulheres no meio corporativo vão muito além das questões envolvidas no trabalho. Quase sempre são as mulheres que ficam responsáveis pelo cuidado dos filhos ou dos pais idosos. O equilíbrio de expectativa em relação a todas essas funções precisa existir. Nem sempre vamos performar da melhor maneira possível. A beleza dessa história está justamente na instabilidade.

O sucesso é relativo. Mesmo sendo perseverante e focada nos meus objetivos, não consegui evitar a dúvida sobre tudo isso ter valido a pena. Será que eu não teria trocado todo o meu êxito profissional e financeiro por mais tempo com o meu filho? Tem coisas irrecuperáveis, como não ter ouvido Matheus dizer "mamãe" pela primeira vez ou não ter colocado o primeiro dente que caiu debaixo do travesseiro dele.

Minha história de vida me levou à obsessão pela liberdade financeira. Passei por esses anos todos muitas vezes com culpa, mas sempre adiante. Eu não podia parar antes de chegar àquele lugar mágico que eu havia planejado para mim. O que quero dizer a você, depois de eu ter passado por tudo isso, é que você pode parar de se culpar e começar a ser mais generosa consigo mesma.

✦ Você não vai ser menos próspera se passar mais tempo com quem ama.

Com a prosperidade que alcancei, ajudo minha família e outras pessoas. Posso viajar a todo momento e não preciso parcelar as passagens em dez vezes. O dinheiro deixou de ser um problema e passou a ser uma segurança. O grande aprendizado, porém, foi a consciência a respeito do que realmente importa: se eu não tiver as pessoas que amo ao meu lado, nada disso faz sentido. Minha saúde mental e a minha crença em mim mesma são dois pilares inegociáveis. O que me ameaça nesses lugares não serve para mim.

Até que você se sinta verdadeiramente firme, a prioridade são os seus sentimentos. O trabalho é só um trabalho. E não estou tentando falar contra o trabalho. Ele é fundamental, mas pode e deve ser mais leve. Não vale a sua saúde mental. O seu rendimento precisa ser medido pela sua entrega e dedicação. Pela sua verdade! Você não vai conseguir se entregar de corpo e alma sofrendo todos os dias a pressão de ser perfeita.

Tem um lado meu muito difícil. Sou bastante focada nos meus objetivos e realmente acredito que essa seja a única forma de alcançá-los. Meu mindset está programado para ganhar sempre. Por isso, no meu ambiente de trabalho, meu compromisso é não ser mais uma liderança tóxica. Fazer o exercício da empatia, sem descuidar do planejamento.

Seria bastante cômodo para mim seguir reproduzindo o que vivenciei enquanto funcionária de outras empresas. Eu poderia ser uma chefe escrota, que só acessaria meus funcionários para cobrar resultados. Mas estive no fundo do poço algumas vezes. Minha experiência de vida não me permite esquecer de que todas as pessoas têm dores, traumas, passado.

✦ É tudo sobre gente!

Desconstruo bastante a hierarquia. Mais importante do que os cargos, é a habilidade de trabalhar no coletivo. Gosto de olhar para as pessoas e conversar com elas. Não apenas sobre trabalho, mas sobre a vida. O estagiário que chegou ontem pode apresentar a ideia perfeita para um projeto. E eu vou estar lá, ouvindo. Não gosto de passar batido na vida de ninguém.

Só consegui ser uma mulher bem-sucedida quando joguei fora todas as verdades absolutas sobre o que era ser uma mulher de sucesso. Fui agressiva inúmeras vezes, não ouvia as pessoas. Precisei me desarmar e recomeçar. O segundo burnout trouxe a clareza da situação em que se encontrava a minha saúde mental. Não tem como ser bem-sucedida com a cabeça quebrada.

Hoje, entendo que ser bem-sucedida não tem a ver com perfeição, fama ou poder. Tem a ver com o resultado de sua existência na vida de outras pessoas.

Poder de verdade é transformar vidas.

Chegou o momento de se tornar empreendedora da própria vida. Convido você a refletir de coração e mente abertos. Utilize este espaço do livro para provocar a si mesma. Saia da sua zona de conforto e se proponha novos desafios. Tenho certeza de que há uma potência enorme dentro de você aguardando para ser apresentada ao mundo.

Quais talentos e habilidades dentro de mim podem se transformar em oportunidades e criar valor na minha vida e na vida de outras pessoas?

Quais são os obstáculos que enfrento para aproveitar o meu potencial de forma criativa e empreendedora?

_____

_____

_____

_____

_____

_____

_____

Como posso assumir o protagonismo de minha vida a ponto de alinhar minhas escolhas com meus objetivos a longo prazo?

_____

_____

_____

_____

_____

_____

De que maneira posso reorganizar a minha rotina e meus hábitos para fazê-los trabalhar a favor de meus sonhos?

_____

_____

_____

_____

_____

_____

_____

Qual é o legado que quero deixar? Como gostaria de ser lembrada?

_____

_____

_____

_____

_____

_____

_____

Relacionamentos são como joias raras: cada nova pessoa adiciona um brilho único à nossa existência.

CAPÍTULO 7

Meu propósito de vida

Minha trajetória de vida se baseia em clareza, dedicação, entrega e, principalmente, felicidade. Acredito que o autoconhecimento é o primeiro passo para desenvolver a resiliência necessária para alcançar os nossos objetivos. Porém, quando finalmente chegamos a um lugar de conforto e segurança, é comum se perguntar: "O que vem agora?". Desde pequenos, fomos ensinados a garantir o nosso sustento, mas não só. Era preciso arrumar um emprego estável, casar-se, ter filhos, carro, casa de campo. Só assim seríamos vistos como bem-sucedidos na sociedade. Nessa corrida para conquistar o sucesso, muitas vezes valorizamos o ter, em vez do ser. Reconhecer os momentos simples da vida e constatar que, na verdade, eles são os mais grandiosos é um passo primordial para buscar o seu propósito.

Em 2004, a Coca-Cola lançou a campanha *Os passos da felicidade*, com uma peça de propaganda veiculada na televisão em que uma garota aparece calçando os tênis e iniciando uma jornada. Ela passa por uma árvore, um monte, um barco e outros lugares. O objetivo era mostrar que havia beleza no trajeto, que não apenas a linha de chegada ou o destino final deveriam ser valorizados.

> O destino é importante como uma referência de onde se quer chegar, mas não se deve diminuir a felicidade de seguir caminhando.

Ao longo de minha vida, muitas vezes me senti como a garota da propaganda da Coca-Cola. Só que, para mim, o importante era alcançar o próximo objetivo. A árvore, o monte, o barco. Qual seria a próxima conquista? Entendi de uma forma muito dura que a vida não se resume a metas financeiras. As relações pessoais e as conexões emocionais não se sustentam apenas com dinheiro. Gosto muito da reflexão de **Eduardo Marinho** a respeito do sentido da vida. Segundo ele, se o sentido da vida fosse apenas nascer e conquistar patrimônio, quem conseguisse morreria logo em seguida. Mas não morre. E, quando morre, acaba dividindo a família na disputa pela partilha do patrimônio. Se a sua preocupação for se tornar rico, e, para isso, você se descuidar de seu entorno social, corre o risco de estar completamente sozinho quando finalmente chegar a esse lugar.

TEDx Talks. A determinação para achar o sentido da vida: Eduardo Marinho at TEDxAvCataratas. **YouTube**, 18 out. 2013.

Na minha forma de enxergar a vida, para que a acumulação de patrimônio faça sentido, é preciso que ela esteja interligada à mudança coletiva. Riqueza sem propósito ou legado não vale de nada. A verdadeira riqueza não vem do dinheiro. Quando você atingir a sua liberdade financeira, vai precisar entender a sua responsabilidade. É algo que deve ser construído de forma intrínseca ao longo de nossa jornada.

Segundo o Instituto Brasileiro de Geografia e Estatística (IBGE), em 2022, 27,4% da população brasileira viviam abaixo da linha da pobreza. Quase 60 milhões de pessoas passavam o mês com cerca de 450 reais.

A Rede Brasileira de Pesquisa em Soberania e Segurança alimentar e nutricional (Rede PENSSAN) apurou, também em 2022, que mais de 33 milhões de brasileiros viviam em insegurança alimentar grave, ou seja, sem acesso a uma quantidade suficiente de alimentos.

De que vale ganhar dinheiro se for apenas para acumular, não impulsionar a transformação da vida de outras pessoas? Foi só quando passei a compartilhar a prosperidade que perdi o medo da escassez.

✦ Propósito é tsunami.

Ter clareza de seu propósito é fundamental. Para mim, a consciência aconteceu quando me dediquei ao autoconhecimento. O propósito de transformar vidas pauta toda a minha existência. Quando sabemos qual é o nosso propósito, temos um indicador eterno para nos guiar em uma trajetória feliz e abundante.

"Ter clareza de seu propósito é fundamental para uma vida com significado e com o senso de dever cumprido."

Ana Raia

Mergulhar profundamente em nós mesmas. Enfrentar as nossas dores. Ter humildade para aceitar que temos fraquezas. A partir do momento que você se dedica ao processo de saber quem você é, fica fácil descobrir qual é o seu propósito. Porque o propósito é gerado nas vontades, nos sonhos, nas afinidades. Nos seus pontos fortes e nas suas vulnerabilidades! Se você não se conhece, não conhece também os seus sonhos. Sem propósito, você não está vivendo, apenas sobrevivendo.

O **Evento BODY** se conecta diretamente com a minha vontade de mudar o mundo. A ideia nasceu a partir de dores, traumas, medos e inseguranças que tive ao longo de minha vida. Descobri que não me sentia assim sozinha. Todas as mulheres passavam por questões muito parecidas em suas histórias pessoais. Resolvi, então, compartilhar o meu conhecimento, discutir e trocar com outras mulheres. O Evento BODY não é só feito exclusivamente para elas, mas é realizado cem por cento por mulheres interessadas em discutir a própria liberdade. Reúno mulheres diversas, de cores e classes sociais múltiplas, para falar sobre os temas que nos interessam sob diferentes ângulos e perspectivas.

✦ Não existe uma história melhor ou pior, mas a sua história!

Fui uma mulher que precisou hackear o sistema. Sou nordestina, tenho 1,55 m de altura e sou gorda. Até hoje, quando entro em uma sala de reuniões cheia de homens, sinto o olhar deles diminuindo a minha presença. É justamente nesse momento que me sinto grande. O autoconhecimento me acrescentou coragem, força e autoestima para encarar os percalços de minha história. Vivo minha vida fazendo o que acredito e diariamente impacto a vida de muita gente por meio do exemplo e da troca de aprendizados.

Meu ecossistema e um único propósito: transformar vidas

Sócia-diretora de negócios e relações públicas da Holding Clube: a partir de meu conhecimento, busco fortalecer a conexão emocional entre as marcas e os consumidores, gerando significados nas experiências, para além do mero consumo. A diversidade e a inclusão orientam as minhas estratégias corporativas.

Influenciadora digital e criadora de conteúdo: meu foco nas redes sociais é inspirar e motivar outras mulheres.

Gosto de gente, lembra? Por meio dos perfis **@juferraz** e **@eventobody,** me conecto a uma grande quantidade de pessoas, que jamais teria oportunidade de acessar de outras formas. Vivi situações inesquecíveis com seguidoras que só precisavam de uma boa escuta. E fujo dos padrões perfeitos e da imagem ilusória da Mulher Maravilha. A minha influência vem da vida real, e, por isso, minha interação é cheia de responsabilidade.

Escritora de uma coluna semanal na revista *Forbes Mulher*: meus artigos abordam o empreendedorismo e o empoderamento feminino a partir de *cases* e tendências do mercado. Minha preocupação é compartilhar conhecimento atualizado, pautado em um impacto positivo e um desenvolvimento sustentável.

Idealizadora do Evento BODY: o Evento BODY se tornou uma plataforma de discussão sobre bem-estar, autoconhecimento, autoestima e liberdade para as mulheres. Construímos um ambiente de aprendizado para que outras se sintam motivadas e atuem a favor de sua própria transformação pessoal.

Palestrante: enquanto palestrante, falo bastante de marketing com foco nas pessoas. O meu marketing de experiência não se limita à relação comercial, mas busca se conectar com os desejos e sonhos dos clientes e dos consumidores. A educação e o conhecimento técnico são fundamentais para seguir avançando na disseminação dos meus valores como palestrante.

Mãe de Matheus: minha missão mais bem-sucedida! Com meu filho, tenho a oportunidade de experienciar amor, cuidado e empatia, enquanto o preparo para ser um homem de verdade, que ama e respeita as mulheres. Nesta relação, o aprendizado é intenso. Sou eternamente grata por ter me tornado mãe.

E agora... **autora de livro**!

Meu ecossistema traduz a minha verdade, e não uma verdade absoluta. Os lugares por onde você passou, a influência da família e dos amigos, suas experiências boas e os traumas são fatores externos que vão mudar a forma como essa mensagem impacta a sua mente e o seu coração.

Neste ecossistema, eu recebo sempre mais do que ofereço às pessoas, no sentido das trocas, do aprendizado e do amor. A vida é muito dura! Mas garanto a você: as coisas podem ser mais leves.

Meu objetivo ao compartilhar minhas experiências é evitar que outras mulheres passem pelas mesmas dificuldades que passei. Foram inúmeros traumas advindos de relações abusivas no meio corporativo e na vida pessoal. Eu mesma não conseguia acreditar que meu corpo seria capaz de conquistar o amor. Por muitos anos, fiz sexo só com a luz apagada e evitava sair de casa com meus amigos se tivesse engordado.

Só comecei a ser próspera quando entendi a potência que eu era. Transformar outras vidas depende de transformar a si própria. Essa jornada é só sua. Ninguém fará isso por você.

O caminho para se descobrir uma potência:

Autoconhecimento

Autoestima

Liberdade emocional

LIBERDADE FINANCEIRA

Como você gostaria de ser lembrada? Qual será o seu legado mais duradouro? Minha luta é para que as mulheres se sintam respeitadas e confortáveis em sua própria pele. Quero ser lembrada como uma mulher que mudou a si mesma para conseguir motivar outras mulheres rumo à mudança. Luto, sim, pela igualdade. Não a igualdade que nos molda idênticas e conformadas a padrões estéticos, mas igualdade no sentido de pertencimento, de acesso, de ter as mesmas oportunidades.

Tenho consciência, porém, de que não será a minha geração que vai conquistar a plenitude dessa mudança. O que eu e outras mulheres estamos fazendo é plantar árvores para que mais mulheres se sentem à sombra. Vai demorar, mas é preciso começar.

Começar, não: continuar. Sim, estou apenas dando continuidade ao legado de outras mulheres que vieram antes. Mulheres que nos deram enxadas e facões para abrir novas estradas.

"Se o ar não se movimenta, não tem vento, se a gente não se movimenta, não tem vida."

Itamar Vieira Junior, *Torto arado (2019)*

Já disse que gosto muito da conexão que as redes sociais me permitiram ter com as pessoas. Converso bastante com minhas seguidoras, e, às vezes, parece que nos conhecemos há muito tempo. Aprendo muito com elas, trocando histórias sobre as nossas vivências enquanto mulheres nos mais diversos segmentos sociais.

As redes sociais, nesse sentido, potencializam os meus negócios, mas muito mais as minhas crenças e verdades. Por meio de meu conteúdo, quero jogar luz em mulheres invisíveis, aquelas que não são percebidas pela sociedade.

Lembro de uma noite em que estava zapeando pelo Instagram e recebi uma mensagem na DM de meu perfil pessoal. Era uma seguidora que estava em profundo desespero. Ela escreveu que pensava em tirar a própria vida por não suportar mais o abuso que sofria do marido e a ausência de recursos financeiros para se liberar dessa situação, ainda mais tendo uma filha. Passei horas conversando com ela. Em um determinado momento, consegui convencê-la a produzir bolos para vender a suas amigas e, assim, dar início a uma renda própria. Senti que havia conquistado uma grande vitória por fazer com que ela desistisse do suicídio. Ao menos naquela noite, ela havia enxergado uma luz no fim do túnel.

Qual não foi a minha surpresa quando, no Evento BODY, enquanto mediava uma das mesas do palco principal, notei uma mulher na terceira fileira. Ela sorria e batia palmas, animada com as palestras. No final, essa mulher veio até mim e começou a me agradecer. Disse que não havia tirado a própria vida por causa da conversa que tivemos. Aquela seguidora que me procurou desesperada havia aberto um restaurante e não pensava mais em morrer, mas queria viver e viver cada dia melhor. Ela estava bonita, maquiada, elegante. Comecei a chorar imediatamente. Percebi o tamanho de minha responsabilidade e agradeci a Deus por ter me conduzido nas palavras que disse a ela e, sobretudo, no tempo que dediquei a escutá-la.

> — Uma das razões por que eu trabalho é ganhar dinheiro — comecei, empolgado. — Preciso de dinheiro para pagar as coisas que compro. No entanto, se considero o real valor que essas coisas têm para mim, admito que [...] são coisas que funcionam como um escape, que me ajudam a desestressar e a me sentir melhor com o mundo que me rodeia.

"O que estou me perguntando neste momento é o seguinte: eu teria a mesma necessidade de comprá-las se não necessitasse desse 'escape'? Se não necessitasse 'desestressar'? Se eu fizesse o que gostasse, não seriam tantos os problemas dos quais quereria escapar, assim como meu estresse provavelmente seria menor."

[...]

— Não se trata de ir viver em uma cabana no meio do mato, mas acho que a definição de "ganhar bem" varia de acordo com o quanto a vida que a pessoa leva satisfaz seu Propósito Para Existir.

— Você está dando a entender que as pessoas deveriam parar de querer ganhar mais?

— Não. Estou falando por mim; acho que, se descobrisse por que estou aqui e passasse a fazer o que, segundo meu próprio critério, satisfizesse esse propósito, eu teria muito menos preocupações relacionadas a dinheiro. Nada além disso.

John Strelecky, *O café no fim do mundo (2024)*

Encaro situações assim como presentes de Deus na minha vida. São instrumentos que Ele usa para que eu tenha uma vida plena. E eu retribuo e sou grata. O dinheiro precisa ser útil para a transformação de vidas e da sociedade. Ajudar outras pessoas direciona nossos passos para um caminho próspero, longe da escassez. Seja a mudança que você quer ver no mundo!

Para fechar este livro com chave de ouro, quero ajudar você a descobrir o seu propósito de vida. Procure um espaço reservado e silencioso. Escute o seu interior. Faça deste momento uma oportunidade de encontro consigo mesma.

Pelo que você é apaixonada? (Atividades, objetos, temas.)

_____

_____

_____

_____

_____

Quais são os problemas do mundo e da sociedade que mais lhe geram compaixão e empatia?

_____

_____

_____

_____

_____

Quais foram os momentos mais significativos de sua história de vida? De que forma esses momentos apontam para o que é realmente importante para você?

_____

_____

_____

_____

_____

Se você soubesse que teria apenas um ano de vida, o que faria com o tempo que lhe resta?

_____

_____

_____

_____

_____

Ao final desta atividade, releia suas respostas. Tem algo escondido nas entrelinhas que pode interessar muito à pessoa que você quer se tornar.

Uma vida com propósito reluz como o ouro e ilumina o caminho de outras pessoas.

Epílogo

Recolha todas as joias encontradas ao longo destas páginas e reconstrua a sua ideia de si mesma. A revolução acontece primeiro em você. Depois, gera impacto no coletivo. Em um sistema cheio de desigualdades, somos resistência quando lutamos por nossos direitos básicos e para manter a nossa saúde mental e emocional em dia.

Não se esqueça: o nosso corpo é único, e vamos precisar dele para viver todas as aventuras que a vida nos reserva. Mantenha seus exames de rotina, cultive boas noites de sono e faça atividades físicas com regularidade. Uma boa alimentação e uma rotina de autocuidados previnem doenças, mas também fortalecem o seu grande aliado: essa potência chamada corpo!

✦ O bem-estar feminino é revolucionário!

Segundo o Instituto Cactus (2022), "uma em cada cinco mulheres apresenta transtornos mentais comuns e a taxa de depressão é, em média, o dobro da taxa de homens com o mesmo sofrimento, podendo ser ainda mais persistente nas mulheres".

Não podemos ignorar, porém, que a melhoria do bem-estar feminino vem da igualdade de salários, da equidade social, da segurança familiar e do direito irrestrito à saúde, entre outros.

A liberdade financeira das mulheres tem a ver com autonomia, poder de decisão e controle do próprio destino. Mães, empreendedoras, executivas, autônomas, solteiras, casadas, sem filhos ou com filhos atípicos, as mulheres invariavelmente precisam ser as donas do próprio dinheiro. Isso vai garantir o futuro delas e de suas comunidades.

Envolta no brilho da autoestima, da autoaceitação e do amor-próprio, meu convite é para que você não abandone a jornada que se iniciou com a leitura deste livro. Mas que siga encontrando seu caminho e transformando não apenas a sua vida, mas a vida das pessoas no seu entorno.

Este livro foi publicado em outubro de 2024 pela
Editora Nacional, impressão pela Gráfica Pifferprint.